AF365832

ELIZA IMA SRCE, ČOVEČE
ili
SREBRNASTO PAPERJE
Jelena Stojković Mirić

IMANJE SRCA

Zašto je za jednu knjigu važno to što Eliza ima srce? Čudno je vreme, kaže pesnikinja sama. Svaki stih u ovoj zbirci, koja je po svom obimu zaista impresivna, protkan je čežnjom za ljudskošću. Pesnikinja je, poput filozofa, zapitana nad provalijom. Za filozofe ne znamo, ali ova pesnikinja ima svoje načine za premošćavanje tih provalija: upoznati sebe da bi se pronašao lični most.

Svojim nepatvorenim lirizmom, Jelena svaku od mnogobrojnih tema kojih se dotiče, pretvara u instrument za otpočinjanje pesme. Jednom kada počne, pesma teče svojim tihim žuborom, ali teče neumitno. Jelena u svojim pesmama ne viče. Ona zna da je reč, sama po sebi, dovoljno jaka da ne mora da je izgovara povišenim tonom. Isto kao kod srca, čoveče. Ako ga ne čujemo dok radi, sve je u redu. Zato je Eliza dobila svoj podnaslov. Jer, njeno srce radi kako treba; ne čujemo ga.

U ovoj knjizi ima neverovatnih 11 ciklusa pesama! Jasno i logično grupisane po temama i sentimentu, one su ipak, od prve do poslednje stranice delovi slagalice koja nosi naslov „Srebrnasto paperje“, što je, istovremeno i naslov bloga koji ova autorka već godinama uspešno vodi i koji ima veću čitanost od sabranih tiraža više od pola zbirki pesama koje se objave u Srbiji.

Nomen est omen, rekli bi stari Latini, a u ovom imenu predskazuje se autorkina estetska orijentacija, njena okrenutost kao onom nežnom sloju zaštite koji ne povređuje – kako onoga koga štiti, tako ni onoga od koga štiti. Jelena je uronila u vreme u kome živi. Izmešala je njegovu buku, nepravdu i zbunjenost sa sopstvenim stvaralačkim nervom i dobila fino, nežno tkanje koje nije banalno angažovano u frustraciji i besu, već predstavlja refleksiju unutrašnjih procesa pod uticajem vremena. Svaka pesnička prizma koja propušta kroz sebe vreme, na kraju, voljno ili nevoljno, ispadne angažovana. Sve te ljudske drame koje osećamo iznutra tako često nam se ubacuju spolja. Sva ta ludila. Ukliještenja. Nelagode. Ljubavi. Sve je pod pritiskom teskobe entropije i sve može da bude pesma, i to dobra.

Ništa u ovoj knjizi nije jednodimenzionalno; ne treba biti nepravedan, pa insistirati na nelagodi koju pesnikinja izražava zbog sumanotosti vremena koje svi mi delimo. Ova zbirka je hiperlirična, da oprostite na ovom neologizmu. Jelenina pesnička refleksija, njen glas, njena maštovitost čine ovu zbirku višeslojnom, kompleksnom, pa ako hoćete i tako, a u poeziji se to retko ističe – zanimljivom, šarenolikom i raznovrsnom. Među ovim koricama nalaze se najmanje tri dobre zbirke pesama. Teško je reći sa ove distance da li bi bilo bolje da ima i tri kompleta korica, zato što su i ovako, skupljene u jednu knjigu, pesme koherentne, izraz zaokružen, glas ujednačen. Ništa ne nedostaje. Srce najmanje od svega.

Jezik srebrnastog paperja je delikatan, najlepši govorni jezik, bez pretenzija da zvuči gromopucatelno, bez veštačkih, nemaštovitih neologizama, jednostavno, naš bogati jezik kome je data određena intonacija. Vrlo pesnička intonacija. Dublja značenja dolaze iz sadržaja samog, nije potrebno da se nad jezikom vrši nasilje. Jezik je jedna od najvećih stvari koju imamo. Kad čitate ove pesme, može vam to proći kroz glavu. To je ono što koristimo da bismo se razumeli. Takođe, i brojevi su deo jezika, te stoga dovoljno dobri za poeziju. Dovoljno dobri za naslove. Za šifre, za tajne. Dakle, dovoljno dobri i za knjigu.

Ovo je knjiga koja se čita godinama, isto kao što se i piše. Neki kažu da u svakoj pesmi ima dovoljno materijala za čitav roman. Ako je tako, a nema razloga da nije, onda u ovoj knjizi ima mnogo takvih romana. Romana o vremenu koje teče, o ljudima i njihovim naravima, njihovim osećanjima, o svim onim detaljima koji život čine koje nam pesnikinja daje sa slikarskim sjajem u očima – svice u noćnoj bašti, razne boje uključujući i bezbroj nijansi srebrnastog, baršunastog, iskrenog, kroz srce filtriranog fenomena života.

Jelena je napisala tri prave, ozbiljne knjige i stavila je u jedno srce. Elizino.

Nenad Glišić

PUTOVANJA PO MESEČEVOJ KORI

Eliza ima srce, čoveče ili Srebrnasto paperje

KAO ONE VEČERI

Kao one večeri
kad je dvorište blještalo od svitaca,

a ti – vrteška bez belega gravitacije,

kao kad prstićima pišeš po nebu:
to su malena sunca,
samo nekako drugačije,

kao one večeri
kad te poljubac letnjeg pljuska
uzme u naručje, blago u jezero spusti,
zasvetliš bez krljušti,
kao kad plešeš prstima:
to su zeleni plamičci na usnama vode,
samo nekako drugačije.

Kao one večeri kad je naivni slikar
istisnuo iz tube žute balončiće
na zelenoj podlozi,
kao ritam igre:
to su malena sunca skrita iza zelenih misli
nečeg što diše,
samo nekako drugačije.

Kao one večeri
kad smo pili Mlečni put s drvenog mosta, naiskap,
kao one večeri kad je riba
progutala mamac bliskosti i,
izdahnula na obali,
kao kad si sve reči sa ugraviranim dugama one devojke
zaključao u školjku,
i zabacio daleko u okean zaborava,
samo nekako drugačije.

Kao one večeri
kad su me istrgli iz nekog normalnog toka,
kao kad cvet sam sebe opraši i,
rodi se kroz nekoliko nečega,
kao kad ti se u prste vraća ples, opet,
samo nekako drugačije,

kao konfuznost u vrevi i metežu,
kao one večeri
kad si se presvukla u kožu breze,
pozajmila kosu platana,
sela na vrh brda kraj onog drveta i rekla:
Ja bih da ćutim s Vama.

Samo nekako drugačije,

kao ove večeri
kad si istu haljinu obukla,
pozajmila krila lastavice,
sletela na srebrni broš i, rekla:
Ja bih da ćutim s Vama.
Samo nekako drugačije;

broš je ćutao sa mnom
neku čudnu tugu.

NE PORODI ME U SUMRAK

Ne porodi me u sumrak
mesečeva koro nadahnuća,
u nadolasku
osloni se na glas.
Ne porodi me u sumrak.
Odloži grč materice
dok nebo ne propusti
ljubičastu posteljicu
– to svici i leptiri
nose za nas prvu pesmu
neunakaženih violina.
Okrznuta pahulja na jeziku
krilati mi ruke raskošnošću
kristalnog gutljaja
dok gluva kiša gricka
samouverenost svoje lepote.
Pevam tvoju poslušnost
mati, noćnog sjaja.
Sazvežđa su pesme vasione
za ljubljenike posrebrenih noći.
Ne porodi me u bljesku dana.
Sunce je gonič pesama
do tamnica zaraženih amnestičnim virusom.
Sunce je sablja za snevajuće,
za biljke uma
ogrnute bistrinom tirkizne tišine.
Sazvežđa su pesme vasione
za ljubljenike posrebrenih noći.

SREBRNASTO PAPERJE

Kad te staze novog dana odvode
ti, ponesi me
kao srebrnast prah
kao reljef na svojoj koži.

Ponesi me,
kao nečujni treptaj na usnama
kao smešak ili osmeh.

Ponesi me,
kao zbirku misli
u uhu, kao zvuk
dok odzvanjam kroz dan i noć.

Ponesi me,
kao nežnu notu
koja leprša oko tvog bića.
Nosi me u duši
kao prozračnu senku
kao otisak ili ožiljak
na tvojoj koži.

Ponesi me,
u očima
kao nejasan obris malene siluete
kao miris i dah.
Na rukama laganog povetarca
neću ti biti teška.

Ja sam samo srebrnasto paperje.

ČUDESNA LUNA

Uže sa pramca umornog mi brodarenja
tananim prstima i pesmom:
Još nije vreme za počinak...

dohvata
i peva, peva Luna, večita romantičarka

namesto cveća svetlosnim konfetama
dom svoj posipa

i kruži, kruži oko mene
kao da sam joj Zemlja

izdiže pramac visoko
vrtimo se na istoj orbiti
smeje se, smeje se i kaže:
Orbitarimo!

Iz reči okretom zapeva Luna:
Nosimo oseke i plime
pozajmljujemo lica jedna drugoj.

Časti me iznenađenjem
pokazuje mi drugu stranu glave
smeši se, smeši se i peva:
To samo retki vide!

Pripoveda mi milion neverovatnih priča
i učini se, u toj brbljivosti
promakne joj sve i svašta

al' nije
šapuće, šapuće Luna:
Žašto su ti oči tako tužne
kad vidim, jasno vidim,
neko ti je rodio Sunce u oku?

Sunce u oku rodio mi je otac
anatomija oka Sunce poništava

linije im klize na dole
i vazda, vazda izgledaju tužno

A iris?
peva, peva ona.

Iris, iris mi je kao drvo
vide se godovi, slojevi
i ponekad se zanesem u tim očima drveća.

Luna, večita romantičarka
tumači vrstu i rod zanesenosti
u orbiti naših sestrinski upletenih kosa

igra se belim patuljcima i crvenim džinovima
uči me kako se prave niske od njih
zazvecka njom
prospe se prah zvezdanih razgovora
šapuće i nastavlja da peva:
Dok jedna galaksija umire druga se rađa.

Čudesna, čudesna Luna
dok sve to radi
rađa mi Mesec i Sunce
u dnu drugog oka
i peva, peva Luna:
To ti je dar za ona tvoja zanesena putovanja
u irisima drveća.

I peva, peva Luna:
Dok jedna galaksija umire druga se rađa.
Sad spavaj, spavaj
u cveću bez umora
sutra ću ti pričati
o novorođenčadima ljubavnih galaksija

Sad spavaj, spavaj
u cveću bez umora.

POD REBROM NEUPITNO

pod nogom lisja
šuškam
otrgnuta od granate postojbine
pokatkad provirim šušjem

ima li me u tvom sećanju

zazivam

pod stopom srebrnih drumova
odvejana
sanjam
tek pokatkad upitno
škripnem
odtrpavši trepavicom
smetove njenih peta

ima li me postojbino snežna
i hoće li me biti
u tvom budućem tragu
otapajućih selidbi
hoće li me biti

zazivam

ponesi me
ponesi
paperjasta čergo

...

zveckaju praporci sna
u postojbini duše njegove
neotrgnuto
nerazvejano
ima me

pod rebrom
neupitno

zveckaju
praporci
sna

OVO ME PODSEĆA NA

Ovo me podseća na
ona prošla doba
u kojima su se ogoljene duše,
nečujno
doticale pismima.

Ovo me podseća na
stara pisma
vezivana bordo
satenskim vrpcama
brižljivo čuvana
u plišom presvučenim kovčežićima
lebdeće obrise dva bića nad njima.

Ovo me podseća na
zelena jezera,
po kojima plove labudovi gipkih vratova
na duge šetnje zelenim vrtovima
poglede čežnje
naslućivane,
stidljivo otkrivane.

Ovo me podseća na
duge balske haljine,
plave kovrdže kose
podignute
belim prstima nežnosti.

Ovo me podseća na
bele kočije sa belim konjima,
plemiće
princeze
balove
dvorane.

Ovo me podseća na
ona prošla doba
u kojima su se ogoljene duše
nečujno
doticale pismima.

Ovo me podseća na
atmosferu;
svećnjake u kuli tvog dvorca;
na zvuk pokreta četkice po platnu
dok pokušava naslikati
varnice tvog postojanja.

Ovo me podseća na
duge sate kraj kamina
u zimskim noćima
na cvrkut ptica
upijen sa tvojih prozora;
pogled na park raznog rastinja,
u kome tvoj vrtlar pevuši
dok im udiše život.

Ovo me podseća na
miris šuma i proplanaka
obasjanih dvema siluetama na konjima
što zastanu pokraj najdebljeg drveta
provirujući iza njega,
preliju smeh glasno
i nastave dalje,
ne gledajuć' kuda jezde,
hvatajuć' sjajni prah irisa.

Ovo me podseća na
izgubljene svetove
bez brzih otkucaja
jurnjave.

Ovo me podseća na san.

Ovo me podseća na
ona prošla doba
u kojima su se ogoljene duše
nečujno
doticale pismima.

S NJIM

Oblačio me u najtoplije haljine
– kreator s iglom pera i koncem mastila.

S njim se moglo u zaleđena mora,
ledenice je pretvarao u savitljive grane
i u njih stavljao imena cvetnih pahulja
pa njima krunisao naša življenja.

U kapi rose bila su naša buđenja
u bojama dobrih oblaka
u ehu Mesečevog osmeha.

S njim se moglo po kršnim goletima,
obuvao mi cipele pesama.
S njim se moglo kroz peščane oluje,
biti i disati širom otvorenih kapaka,
darivao mi dah i maramu od slogova.

S njim se moglo kroz olujna nevremena
– stihovni gromobran i štit od zla.

Budio me iz kome
ostavljajući slova na mom licu,
bez medicinskih pomagala.

Oživljavao me poemama kad sam umirala.

S njim se moglo
po zvezdanim stazama bez kosmičkog odela.
S njim se moglo po džunglama
– zaštitnik od svih opasnosti, otrovnih insekata.

Izvlačio me iz ruševina
venčavao na mlečnim putevima,
u večnost, ime mi dao
– šumska vila.

S njim se moglo kroz taloge vremena
kroz prostranstva iza ogledala
u prašnike
u listove lokvanja

u dubine bez ronilačkog odela.
S njim se moglo goreti
a ne postati prah posle plama.

S njim se moglo tamo gde mašta nije sanjala.

Darivao me
nežnim
rečima
poteklih sa izvorišta
iskrenih
kapilara.

Darivao me
rečima
kojima se bol, patnja i šupljina
nikad
nije
nasladila

– prepunim srži voljenja.

S njim se
može
doveka

tamo
gde ni mašta
nije sanjala.

LEVAK VREMENA

Neka Vas ne muči to što se iznad Vašeg pisma
koje je, čini mi se, putovalo stolećima
vrtim, nalik vrtešci,
neka Vas ne muči.

(Da li je postojala u Vašem dobu?!
Zbunjuje me levak vremena.)
Neka Vas ne muči saznanje šta je to radio prijemnik
i ostala čuda budućih doba
iz kojih Vam dolazim pokatkad nenajavljena

bolje i da ne znate
čovek je napravio velike stvari za uništenja
i zato, bolje je da Vam ne prenosim i ne objašnjam sve

Zbunjuju me levkasta putovanja
i ponekad mi treba više vremena za snalaženja.
To Vam je,
to Vam je
kao kad menjate vremensku zonu putujući dugo avionom.

Eto, avion
zamislite putujuću kočiju na nebu

ona nosi mnogo ljudi do nekih odredišta

samo to ću Vam napomenuti
ostatak namene neka ostane tajna
bolje Vam je da ne znate
pobudio bi u Vama noćne more
i teško, teško biste se svikli na te slike.

Kažem Vam, zbunjuje me levak vremena
koji sam toliko želela
ipak
mnoge ljude ne nađem, mnoga su brda nestala.

Vas uvek pronađem u našem zamku
šetam od salona do običnih soba
ovaj put, svirate klavir
skrhani nečim meni nepoznatim
nije to kompozicija
to je jeza

nosim Vam note iz nešto kasnijih doba
želim da Vam nanesem slojeve svog glasa
na Vaše presahle glasnice
i izdignem Vas slomljena

sva putovanja postrance sam ostavila
neka su pisma veoma hitna
ovi će redovi stići posle mene
jer smesta promenih levak vremena
ne sačekah na odobrenja njegova

kroz toliko putovanja neke sam stvari vešto izučila

postoji samo jedna tačka koja se ne menja
znam da su teška čekanja
kad me ponese vreteno vremena

ne dajte nas,
kud bih bez našeg dvorca voljenja.

Kud bi se duša u topline svila,
kad bi se bol ozdravila?

TELEPORT

Po belom oblutku sejem
belo brašno

mleko niz prozore lije

belim konjem jezdim preko voda

uranjam kroz slojeve sebe
do neolitskog doba
u vinčansku kulturu
bez utvrđenja,
razgovaram sa tvorcima figurina,
keramičkog posuđa.

Teleport otkucava
java

a ja, još ne bih u prezent
kroz levak vremena,

tamo bih odmorila.

SAMO BIH DA ISPARIM PONEKAD

samo bih da isparim
ponekad

polegnem na mekanu travu
kao rosa

samo bih da isparim
ponekad
u oblak se pretvorim

tiho kišim

nad rekom maglim

kružim

samo bih da isparim ponekad

RECEPT ZA ŽURKU

Popiti par hektolitara dobre poezije
mešati pića do mile volje
umotati se mirisom starih knjiga
u kosu uplesti stihove od milja
na uši zakačiti slovca,
recimo, duginih boja
najesti se Sunca, vetra, kiše što rominja
na usne namazati note, mesto karmina
izuti štikle
obuti riđana, vranca, dorata il' belog konja
svejedno
na takvim žurkama niko ti
u garderobu ne zagleda
a jutrom
ne boli glava
samo ti se slatko sniva,
na beloj postelji od papira.

UKLJEŠTENOST

2013-365

Rađam pakao
s nadom da će biti mrtvorođenče
srce u žučnoj kesi
želudačna kiselina prska po očima
svaki dan otvara se novi front
a adrenalin ulazi kroz uši i, topi
topi
čekić
nakovanj
kaplje
kaplje

najveći kanjoni nastali su od ljudskih suza
i sve se slilo u okean
pusti sad geomorfologe
okeanologe
veruj
umornoj na kraju ovih 365
podcrtanih
zaigranošću Danteovih krugova

u rasipničkom jutru poraza
priznajem
pisaću ti vesele laži
kad naučim ih

takvo učenje bremenita je planina
onima koji su proklijali u svilenkastoj
iskrenosti

Rađam pakao
s nadom da će biti mrtvorođenče
srce u žučnoj kesi
želudačna kiselina prska po očima
svaki dan otvara se novi front
a adrenalin ulazi kroz uši i, topi
topi
čekić
nakovanj
kaplje
kaplje

UKLJEŠTENOST ZAVEDENA POD BROJEM 20122013

umnožen bez(dan)
uklještio se između
mesečnih pršljenova

on proslavlja rođendane otvorenog preloma godine
nazdravljajući čavlima
odlične rezultate
pogodaka u centar
ključnih kosti
momenata na aparatima bez kiseonika

virim iz srčanog zaliska oblaka
u zvonjavi kristala
dešifrujem radost čavla:
posle kiše uklještenja
dolazi oluja,
sunce se odselilo u sazvežđe Titanika

slovobajkovitost je na vekovnom odvikavanju,
damara kuckavica:
anđeli čuvari su na
godišnjem odmoru

PREDPRAZNIČNA

Naježila se koža misli
cvokoće njena toplina
misao u vrtu rasađuje sadnice za bulevar
koji će naknadno dobiti naziv
– Bulevar drveća koje plače.

Žena sa sivim kačketom
umire na ulici velegrada
i, nastavlja da trči
pred njom leti beli golub
u parku onih kojima je život skliznuo s dlanova.

Sivi kačket besno se okačio na čiviluk,
ljut je na tugu u njenoj kosi.

Prve pahulje zarivaju se
u njenu ispošćenu put
a nekad im se klanjala osmehom
bila je njihova kraljica
dok nije slomila nogu
na stepenicama tvrđave
neželjene trudnoće blizanaca,
usamljenost i čekanje.

Golicaju je pahulje
isčekuju crveni tepih
i ne slute, prevrat:
Veju ožiljci žalosti
s kim podeliti radost prvih kristala.
Ne slute
od blizanaca
usne njene duše dobile su amneziju.

Pahulje su simetrične sa predprazničnim raspoloženjem ljudi
ona od Nove godine želi
da ne dođe na njene oči.

Ona je vlasnik poljane iskrenog postojanja.
Podstanar veka sa dva svetska rata.

Ona je, podstanar svojih očiju
sa ogromnim perifernim jezerima
ponekad viče
da ne vidim bedu
beznađe
da ne vidim gladne pred kontejnerima
da ne vidim neofašiste
da ne slušam kapitaliste-robovlasnike
da ne čujem pokvarene ploče
biće bolje.

Podstanar samoće
(samoća guši jedinog stanara).

Ona je podstanar večnosti
– Bulevar drveća koje plače.

ALHEMIČARKA

Bol, razjasnimo prezimenom fizička
greškom je upala u ovo telo
kiriju ne plaća
izgubila je značenje imenice vlasnik i,
nije isključeno da se pravi blesava.
Koliko krugova je obrnula kazaljka oko meseca
pre nego što se oglasila
nije bitno,
odleteće divlja patka.

Nemoj me plakati.

Obavestili su me da sam među
zadnjim stanovnicima Zemlje
zato ne smem da izumrem.

Pitanje, ko su sve bili alhemičari
prekinula je žestoka svađa.
Svedok sam da je došlo do tuče, psovki, rvanja,
razjasnimo prezimenom fizička.

Sve vreme jedna žena, zaljubljena u umetnost
držala me za ruku, naglasila da ne voli poređenja
ali me vidi kao mešavinu
Tolstoja, Vesne Parun i Emili Dikinson.

Ona je alhemičarka.

Između ostalog, i zbog nje,

nemoj me plakati.

NE PROBUDITI SE KAO PTICA

zgnječena u grudvi vlažnog snega
izdrobljena u bljuzgavici s pigmentom blata
ima nečeg tragičnog u paleti
ne probuditi se kao ptica
zagledani u budućnost čisto-tamnu
ljudi se sudaraju sa saobraćajnim znacima
stablima
korenjem
jedni sa drugima
pucaju tamne naočare
niz četinare klize kapi otopljene nemoći
ima nečeg tužnog u paleti
ne probuditi se kao ptica
planinske goleti obolele lišajevima ništavnosti
grč u pogledu na imaginarne linije
iseliću se u telo ptice
posedeti na skliskim krovovima napuštenih domova
iskljuckati poneku vlat izniklu na pragu
u sobi
potom nastaviti put usecima
iznad reka
tokova
njima su nerazumljive reči
nacrtna geometrija
imaginarna prava
krivulja
ima nečeg oporog
u korsetima granica
nečeg žalobnog na sasušenoj paleti bivanja

ne probuditi se kao ptica

38.

Tridesetosam kamenih blokova,

samo je prvi plač i pesma moje majke:
Nisi me bolela.

Tridesetosam kamenih blokova
isklesanih pisaljkom
bojom

prinose mi propolis
znaju
koristan je za mumifikaciju
isparavam kroz smeh
(agregatno stanje)
jer odavno sam u za(grobnom) životu.

Tridesetosam kamenih blokova,

zidina crnila,
tridesetosam,
zakucanih vrata,
prozora,
tridesetosam
načina isparavanja,
tridesetosam
agregatnih stanja

ništavila.

KARANTIN

Izdahnula sam
čekajući da se ljubav legalizuje.
Otrovni gasovi mržnje
dozvoljeno se šire.

Skrivala sam se kao gubavac
da mi se sa srca ljubav ne omakne.

Izdahnula sam
čekajući kapsule vazduha
riba sam na obali,
a tamo gde sam čekala život
namesto smrti da se proslavi,
kostur sam.

Dovoljno mudra,
ljubav i život da zapišem
u kamen uklešem
u nebo utisnem

dovoljno glupa
da me zbog toga
u doživotni karantin zatvore.

Izdahnula sam
čekajući da se ljubav legalizuje.

POSTAVKA ZA FRIDU I DALIJA

sudarajući se sa lađama tuđih kostiju
moj skelet plovi

nasukan igrom oblaka
visi sa njihovih mapa

izvod iz matične knjige rođenih
greškom me zaveo i vodi kao živu

i biće tako
dok ptice ne provire iz krtičnjaka
i oslobođene hramljanja kroz zemlju
perom po skeletima ne zapevaju elegično
o vrstama samoće
u dubokimpećinamaboli

***

neko će već primetiti naličje lista rođenih
i ispraviti grešku

dok se moje kosti
i ptice
kljunovima budu zabadale u tlo
ne glumeći strašila

PERUT SVETA

nemoguće je razboleti se ovde od radosti
dobiti grčeve od smeha
bolove u stomaku
zatražiti od doktora bolovanje

razapetih udova
tkale smo iz sebe najlepše
u ramovima ostvarljivog

prostirale se na štirku
u opojnom suncu lahora
u dvorištima gde vetrovi nose pigmente bosiljka

čudno je vreme
svici se gase natopljeni svojim suzama
u pokušaju brušenja fosfornih kristala

cvrčci o svoje glave razbijaju
gramofonske ploče
sa njihovim autorskim potpisom
čudno je vreme

kišne smo gliste
a moramo na sunce

puževi u oklopu
odnešeni u korpama berača kućica

opet kiša

razapeti gušteri na balvanima oluje
ipak
gurali smo dalje
gubili i pronalazili puteve

padali sa stola
rasprsnuti na ćelije
sklapali se po kvarcnim kodovima

lomili kukove
posustajali
ustajali
učili vidom da hodamo
dok nam sa slomljenih ćelija ne skinu gips i daju štake

vraćali glas na spržene glasnice
izbegavali životne udice
da nam se o oko
ne zakače namesto kaledioskopskih duga

neka ti ne bude žao

***
hvatač svetlosti
sapleten u vlastitoj mreži

kada zastanem
shvati to kao poslednji pokušaj
skupljača svetlosnog bilja
skrivenog u kamenoj lopti

ispila me glupost:
ko se probudi a ne boli ga ništa

ja bih da se probudim umrtvljena

grize upornost tvojih ruku
Sizifa,
pusti me
da se otkotrljam
preteško je biti kamen na tuđem kičmenom drumu

neka ti ne bude žao

ja sam samo perut sveta

ŠEŠIR

Korak
dva
ništa.

Uvek si bila centar
svojih unutrašnjih svetova.
Živela u carstvu snova
pod ovom kapom
zemaljskom
što te žuljala
u oko
prst ti nabola
a volela si je
i konce ružne s nje
k'o sa ofucanog šešira
sasecala
u krasnije niti
dublje se zagledala
k'o u retke bunare
bistre vode
i pila
i očima i rukama
i usnama
i trepavicom i nogama.

I šta si naučila?
Ništa.

Dušina enciklopedija
malo se proširila

ni to nisi naučila
takva se rodila.

Korak
dva
ništa.

I OTKUD SAD TO?

Nisu to bili obični snovi od magle
zarezani oštricom oblaka
prokrvarili su i zavrištali kao otvoreno slomljena ruka

to su snovi od krvi i mesa
moj prijatelju

izborali se
ostarili
čelo im ostaklilo
pogurili se kao petstogodišnje drvo
poštapali se
grčili
a onda
pucanj cveta
i kraj

nisu to bili snovi od magle
moj prijatelju
skršili se u ruci
a i ja s njima

i otkud sad to?
je li to ona monumentalnost prijateljstva
u moj san
sad da veruješ
kad ja više ne umem

predajem ti probušenu opnu
sekvojskog milenijumskog sna
(kažem ti, to nije bilo običan san
na njima su radile boginje plodnosti
čak i one ramenima rekoše:
dangubljenje)

prijatelju,

ni u čuda ne verujem više
i u ljude sve ređe
peščanik se okrenuo
još samo ova glava da prođe

kap kiše sa ukusom napukle duge nosim
u vlastiti muzej
a ti veruj,
ja više ne umem

most izgrickan na pola
miševima sumnje
nadograđivala sam svojim kostima
ne dam!
krv
znoj
srce

više ne

(mumificiraću ga
za neko novo pribežište
u kome će mi sunce pružiti prvi obrok)

iako
na otkosima snova miriše svet
siromašan
bezbojan
klopara praznina
i sebe ću još malo odneti tamo
a ti veruj,
prijatelju
ja više
zaista
ne umem.

PRAŠTAJ ŽIZNJI

Umesto papira
uvlačim prste, ruku i vrat
u staru pisaću mašinu.
Žustrim udarcima po dirkama
tetoviram kostur romana,
vremenom nakupljenog
u jedarcima ovog tela.
Klinasta tabla nezavršenog.
Linije crvenih krvnih zrnaca – eritrocitna pesma,
kaplje:
Praštaj živote,
nije ti po sluhu
šraf koji uvek negde i nekako zaškripi.
Praštaj, ove karakterne crte;
plihove na moždanoj iznutrici prisustva
otvorenog pogleda;
emocionalno rasipništvo,
praštaj,
potrese po preciznoj skali
emocionalne gluposti ili zaslepljenosti.
Imenuj kako hoćeš!
Praštaj žiznji,
kao što ja neću
ove zareze po skuvanim kostima
u modernizovanim kanibalskim kotlima;

zvukove šišmiša u pećinama iskrzanih mi vlasi;
ovaj smrad – prilog od gnjilog mesa.
Praštaj,
ja tebi ne mogu, ova gušenja u kubicima vazduha-ilovače;
ove humke koje mi ispadaju
iz prepunih džepova
ostavljajući snegovima
crvene akvarele mučnine.
Praštaj žiznji,
kao što ja tebi neću
ove masovne grobnice
iskidanih delova mene.
A pred nebo ću
pred
nebo

s deset
široko raširenih i čistih prstiju,
bistrih očiju
i samo jednom
kristalnom perlom.
Pred nebo ću.
Praštaj žiznji,
ja tebi ne mogu.

ČITAJ MI BOLJI SVET

ČITAJ MI BOLJI SVET

Maleni ljudi plaču na rubovima stranica
i pesma sa njima na ivici

zarezi apostrofiraju neshvatljivu-nedokučivost upitnika budućnosti
dok srce izvrće svoju sluzokožu
ka toplijoj stranici bivanja

čičak jezike lepi o nepca uma
svako svoju tišinu nosi sa sobom,
donekle,

u grču mozak drži peteljku slovne glasnosti.

Oni u kojima namesto srca zjapi šupljina
odaju počast vojskovođama
dok nebo urla nedužnu krv
i grize usne nemoći.

Iznutra nas gledaju oči grobova nedužnih,
kroz vekove,
kroz vek,
zapitkuju.

Želudac zla slasno se svojom osom okreće,
gotovo pleše,

dok krvavo nebo grize svoje vekovne nokte.

Mrtva me deca, garava,
iz garavih polja, dozivaju:
Sanjaj nam čerge, muziku,
sanjaj nam.

Al' kako da im nasanjam violinu koja pleše?

Lorka mi pruža peteljku olovke
dok pada u zadnji pogled,
čitam mu sa raskrvavljenih leđa,
s košulje nekad bele:
Čitaj mi bolji svet.

Uzimam peteljku i pišem,
al' ne znam
kako da mu načitam laž?

Mrtva me deca iz gasnih komora
pitaju za majku, oca, sestru, brata…
Sanjaj nam nove igračke,
kažu, i ja im sanjam,
i pokušavam da im dosanjam majku, oca...
ali ne uspevam,

legnem kraj njih košmare da im umirim.
Nebo još vrišti dim nevinih,
stravično ozbiljne uzvišene,
nemani,
odaju počast zlim hordama.
Zar niko nedužan pao vam nije?
Zar niko neba onakva video nije,
zar ništa…?

Ta će šupljina
roditi nove,
nedužne grobove,
kroz vekove, kroz vek,
dan,
čas,
tren.

…
Ana me grli svojim dnevnikom.

Boli me ćebad od ljudske kose,
boli me tuđa kosa, Ana.

Ana, ponekad ti maštam nerođenu decu.

…
Ana,
imala sam terasu mladosti sa koje sam gledala
čisto nevino zvezdano nebo,
onda su mi,
za početak, oteli terasu.

Krtice zla izrovarile su moju zemlju,
bacili novo mlado meso u grotla vatrena,
bacili su sela i gradove,
reke su se u krvavim očima ogledale,
novi bezimeni i imeni,
nevini,
počeli su mi se javljati:
Sanjaj nam život do kraja,
lepši,
u svoj svojoj punoći,
sanjaj nam polja radosti,
pšenicu, dvorišta, domove,
sanjaj nam ptičji pev…

I ja im sanjam,
sanjam,
al' ne znam kako da im odsanjam spaljene fotografije,
nove ljubavi,
školske drugove,
kako da im dosanjam sve
u svoj svojoj punoći od mira,
gde niko nukud rasuo se nije
sa ove i one strane vidljivog?

...
Godina moja
a tvojih godina, Hana,
godina moja, mlada, srećna što gleda zamkove, plesne dvorane,
srećna što vidi nove predele,
godina moja
a tvojih godina,

stala je.

Vozovi,
pruga,
natpis
Auschwitz-Birkenau.

Stala je.
U reskom zvuku rizle pod koracima
dok pucala je tišina pakla.

Tuđe me cipele zabolele,
tuđi mi životi spakovani u kofere
zajecali na uho,

čičak se o nepce uma zapleo,
mladi mozak u grču presvlači sluzokožu.

Tu sam njemu lično,
šapatom postavljala pitanja - ćutao je.
Ako u svakom od nas postoje mali bogovi
i njih sam pitala – ćutali su.

U restauriranoj gasnoj komori
prevodilac je objašnjavao, opisivao,
kroz rupe na plafonu
pokušavala sam da odsanjam
da ciklon B nikad izmišljen nije,

vazduha da im dodišem.

Kakve su ovo nemani,

Ana, gde si?

Sapun od ljudi,
kosa, kosa, prepune sobe,
odeća, obuća,
četkice za zube,
sobe,
sobe,
prepune sobe,

geto i metež,
(nije svako u njemu poneo četkicu za zube)

peći za ljude,
peći za ljude,
dimnjak,
fotografije,
tetovirani brojevi,
fotografije…

U grču mozak
još jednom presvlači sluzokožu,

zanemela sam.

Pet vekova trebalo je krvotok da odledim,
pet vekova bar sličnim korakom ponovo da prohodam

i samo tren:
Tu sam zauvek zbogom rekla mnogima,
s ove strane večnosti,
tu mi se srce u srce i u srce presvuklo,
zaklelo u mastilo ljubavi.

Hana, ja zlato ne volim,
klonim ga se,
do mene da ne dopre
nečiji istopljen svećnjak,
nečija burma,
verenički prsten,
i zub,
zlatan istopljen ljudski.
Hana, ja zlato ne nosim.

Ne bežim od tih slika pakla,
ne brišem ih iz kostiju,
ne brišem neba što vrište,
strgla sam bodljikave žice sa lica,
iščupala ih iz usta,

svako svoju tišinu nosi sa sobom,
donekle.

…
Koja je devojčica u ručici
nosila onu zgaženu lutku smrskane glave,
čija je čizma nasladu pila iz tih zvukova?

Iščupala sam pijavice iz usta,
pišem joj život,
(bez žute trake)
pravim joj kuće za lutke,
šijem joj topliji kaput,

bojim joj najlepše mašne,
češljam je najnežnije,
živim joj mladost,
nosim je,
i ipak tražim s ove strane svetlosti,
ne dam je
dok živim živa je.

Oči joj prekrijem
kad nebo nanovo zarije nokte u lice,

i sanjam,
sanjam im,
domaštavam.

…
Al' kome pišem ovo?
U istom ruhu,
pred istim znamenjem,
nemani se klanjaju svetom zlu.

(Da li je ikada rođen čovek?!)

Nanovo i nanovo,
zaklanjam oči nevinim,
bezimenim i imenim,
sanjam im sve što mogu.

...
Ponekad sebi dosanjam kroz vekove,
da neba nisu nikad završtala,

dok me sa mojih svetih slika
gledaju znakovi srca,
modre im suze iz komora,
pišu,
pišu,
i sama sebe ponekad lepše dokuckaju.

Ponekad sebi dosanjam čoveka,
dok padam u poslednji pogled:
Čitaj mi,
čitaj mi bolji svet!

BALADA O KULAMA OD PESKA

Obalom se razleže smeh
to dečurlija pravi kule od peska
a vetar ih uporno ruši.
Malo kasnije, obalu obuzima tišina.
Oborenih nosića rešavaju zagonetku
zašto im to radi, zatim mole belog psa
da im donese novu kanticu.

Nedaleko od njih pada mrtav galeb
koji je išao na ubrzani kurs
ljudskih jezika i pisama.
Iako je posve sigurno
da je sam sebi probio uši i oči
u ptičjoj policijskoj stanici lažiraju događaj pod:
Umro prirodnom smrću.
Slučaj zaključen.

Gradimo svoje živote
dok ih žrvanj istorije i politikanstva
na koje imamo privid uticaja,
ruši.
Svakog jutra molimo sve tiše
belog psa da nam donese novu kanticu.

Nedaleko od nas
sa radio stanice
-Ispravljene nepravde-
slušamo da je Irena Stendler
dobila Nobelovu nagradu za mir.

ZIMSKA IMPRESIJA

Dok vetar grize krovove
potaknut predosećajem
podteksta slatkosti
sneg beži sa njihovih usana.

Daleko odavde
paor skuplja dokotrljane narove
s glazurom nadrealnog meseca.

Tramvaji žderu svoje patnike
dok svetla prodaju jeftinu iluziju vedrine.

Pred san se talože slike
u orozu pera
mastiljavo da (se) ispljunu
dok utamničeni crnim decenijama
brojimo taktove naših kostiju
u zatvorenim kožnim instrumentima.

Ima li smrt svoj zvuk?

Godinama se pokrivamo snovima
o životu
sa stranim prefiksom
normalnim
dok oči ćebadi uporno naglašavaju
slomljena zrcala.

Asfaltni pustinjak putuje karavanom
i malo-malo časti se gozbom,
na koncima bele smrti
nesvestan šaptača
lutkarskog pozorišta –
publika bela, u jednini.

Ima li smrt svoj zvuk?

Proleće će doneti
melanholiju
u šarenim obmanama procvalih vrpci.
Prihvatićemo igru našminkani osmehom.

Ima li smrt svoj kraj?

RASTI IZ SEBE

RASTI IZ SEBE

I

Od mene neka ponese
svetlu iskričavost mojih sećanja,
neka se ne zastidi
ni jednog trena,
nijanse mog prolaska

i neka uči, iz sebe.

Ako ne uspem drugačije
list ću mu na povetarcu biti

šum u uhu
koji će ga dotaknuti
čistom ljubavlju.

II

Ako rodim planetarnu devojčicu
nazvaću je Venera
po snu i stvarnosti

za dvadeset vekova
ako se iko seti
Zemlje i Zemljana
ona će zakmečati

dušu, oko i srce sam izrešetano
nebrojeno puta
ispovraćala zgađena.

III

U svojoj mnogoljuskoj porodici
imala sam njega

pogledom mi je preneo
one nečujne stvari

pomagala sam mu da upozna sebe
(greška nauma)

tek kad sam primakla sebe sebi
pomogla sam mu,
al' ne do kraja

i podigla ga na presto kralja

tada

bio je siroče,
dospelo do darivatelja dece
iz bezimenih ulica.

Posipao ih je bombonama,
a ona su ga zagledala začuđena
ne znajući
da ih daruje rukama svog oca.

Znao je da neću prihvatiti
sve njegove strane

i da ću se čak i s njima boriti

sakrio je i osmeh i suzu
negde ispod kaputa

videvši da rastem
iz sebe
iz sebe.

Znam, plakao je sa mnom
i govorio:
Zašto su te napustili
kad si najslabija?

Morala sam sama sebe
iz bola da izdignem
i da ga utešim

zbog sebe,
zbog njega.

IV

Na putu do tramvajske stanice
upitah se šta ću tamo,
kad ježim se reskog poljupca
točkova i šina?

Iskočio je iz asfalta
preda me čovek u ritama,
blatnjavih stopala
uplašio se novih znakova vremena
tresao, od svetlećih reklama.

Možda se ni ja ne bih snašla u njegovim pećinama,
al' zašto mi je izvukao iz pamćenja
nacrtanog čiča-glišu raširenih ruku
omeđenog krugovima.
Jesam li bila pećinski čovek
na času gušećeg predmeta
kada sam nacrtala
svoju savršenu sliku?

Još nisam uspela
da rastrgnem sve krugove
lance
a rastem iz ramena i pete
i još se usudim reći:
Majko, rastem!

Ne razume li me odmah
pročitam joj svoj glas,

grešna,
što joj ranije nisam tumačila
misleći:
Plaši se šta će pronaći u mojim hijeroglifima,
gipsa
gline
boja.

Do određene tačke
gde smo se srele
i gde sam znala da je znala.

Oslobodivši se strahova
upletenih oko mene
prihvatili su me ovakvu
prihvatili, da sam doktor jedino bila
spasivši unuče njihovo
u časovima rađanja.

V

Primili su me slomljenu
izlečili
i pustili da živim
sebe

i ponovo me rodili
presekavši vrpcu mreže
svojih snova.

VI

Iskoračila sam iz kože
i smogla snage
da pogledam isplovljen talas ogledala.
Moja je glava vetrenjača
kosa, jato ptica
moja je noga
antilopska,
srneća,

kolena, lavovska
ruke mi rečne
jetra morska
a srce jezero
što useca se i nadolazi
vučeno silama nadgranatih odsjaja.

I vidim,
kasnim za sobom
i vidim
pretičem se
i tek sam na nigde druma

nesigurna,
loš sam ubica emotivca
što mi se stalno negde vrzma
leti i staje na ringišpilima.

Zasto se ne uči od dece
umesto iz knjiga?

Zapitkujem, kestenovim godovima.

Na trepavici
grani
stoji plod koji ne veruje u sve
što mu se pod cvet servira.
Na leđima mi lišće, trava, dlaka, krljušt i pero.
O, kako sam lepa danas,
sa prstima srebrnastih pahuljica
i oblak sam i vatra i voda i vetar
i još više utonem u sebe

zaljubljena u mnoštvo mešavina
rastopim se od miline u paletu epitela
šarena.

Da li mi se mati igrala bojama,
topim se žuto, crveno, belo, crno?

Može li se izmeriti pustoš
da se tri osnovne boje nisu pomešale
i u sebe sasule malo crne i bele?

Može li se izmeriti ta beda?

VII

Zagledana u budućnost
svog zemljanog želuca
ispečem se u lavama
uvučem plašljivo u kućicu.
Kakvom ću svetu ostaviti puža?
Pena iz jezera, piše mi:
Neće svi dojiti nežnošću, puževe i planete.

Dalje ne vidim,
iz ruku mi se omakne gusta magla.

Hoće li mi nemiri
opet zemlju iz trupla pomaći?
Da li ću uspeti da se reanimiram?

Samo da ne posustanem,
u borbi za koru vazduha.

Samo da ne posustanem,
u borbi za himne nežnosti.
Samo da ne posustanem
u rastu lekovitih biljaka
voljenja

ako mi to ne izleči jezero
od iščašenosti
samozvanih humanoida
ograničenih mozgova pogleda
opet ću se razboleti od povraćanja
zgađena nad vekovima mraka
i moraću se roditi makar iz oblaka
bar kao srebrnasta,
sletaću i uzletaću
sa svih rukavica
godišnjih mena.

(Svesna da će biti teško posle dehidriranja.)

VIII

Nisam dorasla sebi
sasvim,
nit' drugima

naslućujem se u kori breze
u leptiru,
mrvi hleba,
amebi,
prašini,

u prosjaku i bogatašici
u nevinoj i bludnici
u detetu i starici
u Nomadu i mnoštvu korenja
do jezgra.

IX

Ako ne saznam ništa više do ovog sumraka
jedno ću znati,
neću od sebe odstupiti ni koraka
nemam se čega stideti pred vekovima
nek' me nagrizaju
otrovi slepih nepromišljenosti
nek' me zgaze
nek' grade mi brane na rukama,
lome mi krila,
oblake, vetar i nek' mi kažu:
Nakazo zaljubljena!
Nek' me iscepaju
samelju i zapale
ja ću se ponovo sklopiti
i rasti iz sebe
iz sebe.

Ponosiću se svojim toplinama
i toplinama toplina
koje sam sretala i nesretala
vukući svoj leš sada
i kroz tunele vremena.

I zaplakaću gorko
zajecaću sa zvezda
vrisnuću do ludila
ako se ne sazna
koliko je Zemlja bila dovoljna
da je bilo više učenja od dece
od beba.

Rasprsnuću se kao kometa
nek' se u njenom repu vidi poruka
svih nevinih zgaženih mrava.

Još nisam iščupala iz vetrenjačinih obrtaja
zašto mi je baš ta slika
zgažene lutke
poneta iz zemlje sa severa
ostala tako duboko usečena
i irise kestena
u noćne more dlanova.

X

Sedim na raskršćima obala,
prilazi mi zmija.
Dobro je,
zmija nisam,
al' umela sam ujesti kao glasna žica
pirana
i pljunuti kao lama
u neizbežnim vratolomijama
neodustajanja

da rastem iz sebe,
iz sebe,
kao prvog dana

SAZVEŽĐE

Rođena u sazvežđu suza
kanuh na mrtvo more.

Zagledana u modrinu sa koje odkanuh
bosonoga

po ko zna koji put
opet sam plutala sama

nepromočiva za prividna naslanjanja
nesročiva da kapljem sama
nesadrživa u jedinici
nerastvorljiva u ulju formalnog kako si
nesrasla između rebara La Žno

po ko zna koji put
opet sam plutala sama.

Ko zna koliko bih puta izludela
da mi muzika, krčage topline donosila nije
da mi umine tišinu, utrnulu i slanu.
Ko zna?!

Sitno je sazvežđe okeansko,
naspram zrna istisnutog iz okna nedarskog.

Još bih sa bradavice zabluda mleko pila
da mi se nije onomad

meteor, u drob obrušio
masku klovna spržio

od tada, družbu sam na nokat brojala
no kivna nisam bila
samo sam zbunjena zastala
(naramcima sreće raskalašno sam zalivala)

samo sam zbunjena zastala
obrevši se u močvari meduza

samo sam potom, tiho
sama sa sebe
kao probuđena voćka, pala.

Od tada često, često
plutam po mrtvom moru
sama
šapćem sa zvezdama
i slad s usana njihovih
pod kožu akumuliram

nek' mi se nađe
za harfu da ga zadenem

nek' mi se nađe.

LENOĆKE

LENOĆKA

I

Pisaću ti
kad budem bolje
sad mi svaki osvrt zvuči kao sećanje iz grobnice
pisaću ti
kad se budem neprestano smejala
kao razigrano dete
pisaću ti

sad
moram početi pisati Lenki
ona me čuje
kad tonem duboko
ispod horizonta.

II

Ne postoje crne mačke
postoje crni ljudi koji truju sve puteve
sve vode
moja Lenoćka
samoća nije sama
možda je bakterija
tek prebrzo se umožava
za grlo hvata
grozničavo trese,
laž je da smo uvek dovoljni sami sebi
Lenoćka, ni u čemu nisam uspela

bolujem inficirana lošim rečima i lošim namerama
kasno je da imam plave oči, nežniji glas, drugačiju mimiku lica
ne želim ga seći, moja Lenoćka!
Nemam damski hod i govor, nemam,
dok pričam mašem rukama, svaki slog usput ocrtavam,
kad besnim ništa nije ženstveno, i ne može biti
a ti me voliš i takvu,
kasno je da imam drugo srce, i mozak, moja Lenoćka,
(kako da se vratim
u onu jesenju matericu i abortiram sama sebe

kako majci da kažem
nikad me nisi rodila?),
kasno je, a tako bih rado to učinila
namesto da se rasprsnem,
moja Lenoćka

gasim se,
tek u snu otvorim voljno oči
i vidim u bojama
i živim moja Lenoćka
živiiim
al' kad se probudim
reže
bol još nije otupela
moja Lenoćka.

LENOĆKA I   (ti si mi pričala da na drveću rastu baršunasti suncokreti)

Ustaj Lenoćka!
Paperje pupi po krovovima grada
od oronulih fasada
do zrnevlja svetlosti koje baca vrapcima u tmini.
Voliš ga!
Jesi li grešna što voliš taj grad i one izmišljene, one doživljene?!
Nisi, moja Lenoćka!

Ustaj, rodili grozdovi kristala po brezastim poljima,
Gospođa Mraz ispisala ti je hrpu pisama po prozorima
i deset slika ostavila ispod jastuka.
Deset slika!
Hej, deset slika uma, moja Lenoćka, ustaj!
Madrac ne pomaže tvrda glavo,
ustaj,
trebam tvoj treptaj oka,

osmotri koliko parova noćas pleše.
To da propustiš moja Lenoćka?!

…
Jabuke su rodile kao nikada do sada.

Jabuke ne stižu u decembru?!
Lenoćka, ne budali,
ti si me tome učila
umočivši kist u svoju veđu od žada.

Obuci tu ribizla pelerinu,
daj mi tu malenu šaku,
videćeš sve;
jato svitaca poleglo na brda
nose ih na krilima kolibri, delfini plešu oko njih,
zreli narovi sijaju i svaki nosi po deset jorgovana.
Po deset jorgovana, moja Lenoćka!

Ustaj i ne budali.
Delfini ne prave grudve?!
Ti si mi pričala
da na drveću rastu baršunasti suncokreti i medenjaci.

Ustaj!

Ponekad pišeš kako sanjaš severne zemlje
i da ćeš tamo živeti bar deset puta duže.

Više ne,
moja Lenoćka, pogledaj irvase!
Rasti i raskrajaj stare haljine sena
pa od njih šij ulice za novi svet.

Ti si kameleon preživljavanja nemogućih nejednačina življenja,
nemoj meni da pričaš,
sećam se studentskih dana,
sećam se.

Ustaj!
Život življenjem buja
postelja smrdi na tihu smrt.
Ustaaaj!

Ti si onaj vragolast crnooki list, što se baca niz tokove
najbržih voda.
Ti si onaj vatromet boja prskalica
svetlost nad zemljom,
nad sobom,

da si cela radost
bila bi najcaklenije oko,
da si cela slika
bila bi ekspresija najpotpunije sreće.
Ti si svitac Lenoćka, samo me ne pitaj kako.

...
Gledam ti rasklopljene grudi
da si cela drvo
bila bi divna mahagoni rezbarija ožiljaka,
ali ipak divna.

Svet će ostati za treptaj oka lepši,
od tebe, moja Lenoćka,
i dalje nema,
dalje nema!!!
Nećeš izmeniti sve zgađenosti pod stopama
na životnoj mapi,
svojoj ni ljudskoj,
ni onaj spisak – nikad nisam shvatila
nećeš skratiti,
dalje nema,
dalje nema!

…
Ustaj Lenoćka,
život življenjem buja
a smrt ostavi na madracu nek' mre.

Čekaju nas Moneove biljke iz jezera,
obuvaj baletanke u cvetove zarasle
i ne budali!
Ti si mi govorila
u njima se najmekanije pleše po vodi, vatri, snegovima,
oblacima, krošnjama?!

Ustaj, čekaju nas ledeni blokovi
da svetlošću ljubavi, kristalne figure isplešemo,
ne, neće živeti samo dan
bar deset vekova u hangarima lepote.

Hej, deset vekova, u hangarima lepote, moja Lenoćka!

Ustaj Lenoćka!
Život življenjem buja
smrt ispljuni na madrac nek crnu krv ispusti.
Ti, divna moja
mahagoni rezbarijo,
ne budali,
sucokreti plivaju sa delfinima u nabujalom paperju
svici pevaju iz svake mrve snežnog hleba.

Pevaj!

LENOĆKA II (nije me ponelo)

Nije me ponela reč
sve one male zvrčke za razbijanje umora
nisu me ponele, moja Lenoćka

habala sam novu haljinu
nemilosrdno po stanu, a nikud nisam krenula
začinila sam vazduh muzikom
dodala malo ženstvenih trikova

nije me ponelo
nije me ponelo, moja Lenoćka.

Najlepše su pesme projahale danas
na belim konjima
u nevidljivim prostranstvima

nisu me poneli stihovi,
nisu me poneli.

Kako sam videla?!
Suviše pitaš, moja Lenoćka
ja kćerka svoja
danas nisam sigurna
da li sam voda provrila
i eto kružim tako nebom u isparenjima.

Poneo me pepeo, Lenoćka

razmazan među jagodicama
sitničarila sam se u ogledalu praha
zaljuljao me na ležaljci paučine
tu je već sunce pretilo da ispod izbije,
ali nije

uporno mi je ukazivao na lebdeće čestice prašine

raspršio me u najzabitije uglove,
moja Lenoćka.

Pazi kad brišeš prašinu
koliko tela ubijaš!

Odakle mi to?!
Suviše pitaš, moja Lenoćka
ja kćerka svoja
danas nisam sigurna
da li je brezina koža
baš onakva kakvu sam je juče osetila.

(Položio me pepeo gotovo zaštitnički
u embrionsku pozu zagrade.
U njoj sedim sada.)

Neću danas nagrebati pigmenta, nacediti boja
pogledom dirati zvezde
ugasiću ih tako, moja Lenoćka

košmari su podsvesnim tunelima

pobedili svest.

Odakle im tako snažni projektori?!

Suviše pitaš, moja Lenoćka
ja kćerka svoja
danas sam sigurna

nije me ponelo
nije me ponelo, moja Lenoćka.

LENOĆKA III (iverje)

Lenoćka, jednom ćeš i ti reći
nisi mi dom i strugaćeš me sa sebe
žestinom kakvu ne poznajem
do te buduće crne tačke
pusti
ne prekidaj
čekaj
toliko udica upitnika zabacuješ
(ne znam ni sebi da objasnim)

slažem komadiće ogledala devojačkog doma
razbijenog
i ne ide mi, moja Lenoćka

slažem novi dom
iz ovog mraka teško se diše
sačekaj, svetlo da napipam

survala sam se u ovo prostranstvo
želuca
palim sveću u pomen izbrisanoj sebi
iz doma detinjstva,
tamo,
i zavrištim ehom živa sam
tamo,
da dopre
samo me zidovi čuju

tamo
i breze možda plaču kidajući svoje nabore lišća,
tamo.

Nije sunce zasvetlelo iz plamena
spaljene adrese
niti je čarobni prah prhnuo i obasjao svet
trganjem mojih tragova sa zidova

vrištala je koža njihova
u mom studentskom odsustvu
nije to prošlo neaanestetično
ali je prošlo, prošlo je

i to je prošlo, moja Lenoćka

lagano se selim i, ne znam otkuda kiši

sećaš se moje radosti kad odletim,
tamo,
tamo gde me više nema,
nisu bombe krive ni pijani vojnici
ništa od toga, moja Lenoćka
ne dešifrujem više zašto
ne dešifrujem odlazak i pogled
i ne pitam se je li zadnji.

Lenoćka, ja sam nakaza
koja tulumari ovim svetom
strganog mesa do belih kostiju

hodam strašilo(vski)
mora biti da jesam, moja Lenoćka
kao kad za mrtvacem pobacaju stvari
Pobacaju li?!
Pobacaju li?!

To nije prošlo, moja Lenoćka.

Ne brini, već se selim,
ćeliju po ćeliju,
pod terasom zasadila sam krušku staru
plodove da joj slasnim usnama kupam,
tu su i breze, preselila sam
kud bi bez njih,
u dvorištu su već nikle orhideje, narcisi i bulke,
jedino ne znam šta ću sa vrapcima
neće u novi dom da slete,

u ladice sam stvari popakovala
i cipele,
cipele sam donela,
ne umem bosa
a moja soba, soba k'o soba
znaš,
prepuna muzike, slova i boja.

Otvorim prozore detinjstva,
devojaštva,
raskrilim kapke širom i, privikavam se,
u novom domu ne vidim breg,
mermernu ploču

što uz vosak
progovori beščujno za tuđi sluh

sklupčam se i ćutim,
ne vidim.

Ćeliju po ćeliju,
sagradila sam ogroman dom
ima i trem, stolicu za ljuljanje i,
višak soba čini mi se
ne, nemam Srebrnu sobu
tu su Tragična, Gorka soba i, soba opasno Nagriženog srca
u njima su neuredno nabacane tvari
guram i guram
da ih ne vidim
ali kad začujem bremenitu im škripu vrata
pobegnem u atelje, razbacam boje
snažnim potezima slikam klovna
nasmejanog i lažnog
kao vazduh,

istinit je kad imaš čime disati
i divan, kad naučiš kako
(kad me tamo nema)

lažan, kao moje klovnovsko lice
prečesto sam takvu grimasu izbacivala u prvi plan
otuda ideja da sam div,
nasmešeni divovi

sve podnose.

Lenoćka, ovo je mrvica
iverje bola,
volela bih da umem da te slažem
i to će proći

bojim se, ovo
u beskraj perfekta neće otići

kriknem li, svi će vodopadi ućutati
stresem li se, postideće se zemljotresi
sevnem li, sve će se munje zavući u tajne pećine.

Ožiliće ovo iverje
u beskraj perfekta otići neće,
a srce moje nema gušterov rep.

Lenoćka, ne znam zašto kiši?!

LENOĆKA IV (proklećemo one koji su bajke pisali)

ne pitaj me kako nastaju Lenoćke
jer ću se osvrnuti gromko
romanom
isklesanim u nebeskom kamenju
bez ijedne vlasi
na papirnom jeziku
ne pitaj me

I

Evo me opet, moja Lenoćka
u tvojim grudima jer imaju potrebu
da me čuju, i mrklu i svetlu,
osenčenu olovom i živu i mrtvu i bolesnu, presrećnu i ozarenu

da, moja Lenoćka, osećam potrebu
baš kao i ti
kad mi dobacuješ one tvoje paperjaste i crne i bele smotuljke

klikeram s njima
i pišem ti
evo me opet, moja Lenoćka.

II

Iskljuckaćemo zadnje mrve nežnosti
ptice smo oduvek znale biti

nasmejaćemo se na lažni Dobar dan
iako posute živom

i živećemo tako okrnjene, moja Lenoćka
okrnjene,
kako koja i kako gde

sa amputiranim delovima, delićima i mikrodelićima
(koji druge ne vide).

Sreća ili nesreća?
Ne znam, al' nema sečiva,
amputiraju lažima, zlom, podlošću

zar treba još da nabrajam, moja Lenoćka?

Iskljuckaćemo zadnje mrve nežnosti
ptice smo oduvek znale biti.

Sećanjima,
divnim, blaženim sećanjima
napunićemo prazne pilule,
u drvene ih ladice pospremiti
kad postanemo kao Dalijevi kosturi
uzimati po potrebi

da nam ponovo zakuca srce
izraste meso na kostima
iz oka sine bezolovni sjaj, moja Lenoćka.

III

Ne svojom voljom
okrnjene,
ne, svojom voljom, moja Lenoćka

voljom onih koji su počeli živeti
po statističkim merilima
u brojkama glavnine
u tim glupim matematičkim presecima - većine.

Je l' se živelo ranije po statističkim merilima, moja Lenoćka?

Nije, znam da nije
to su nam donele godine
pokušavaju nam podvaliti to kukavičje jaje.

Ima nešto u čemu smo krive
ima,

pa ko još šeta srcem po ovom ušljivom svetu, moja Lenoćka?

IV

Proklećemo one koji su bajke pisali
pljunuti
one koji su nam kapke njima zatvarali.

Jebene bajke, moja Lenoćka!

Iscepkaćemo svaku filmsku traku na kojoj piše:
Srećan kraj.

U veći deo statističke kružnice nećemo
tamo je
sve što je bilo normalno postalo nenormalno
ono ljudsko posramilo se pred neljudskim
i pustilo ga da bude bučnije,
sve što je bilo amoralno postalo je moralno

krv, nasilje i Hičkok
s platna su sišli
kažu, i to je prihvatljivo.

V

Umiraćemo tako, moja Lenoćka

možda jedino Vasilisa
(ona iz pesme)

preživi ove pogrome

eto, za nju još imam nade.

Umiraćemo tako tiho,
tiho, moja Lenoćka,
pišući ova pisma
za kojima se niko osvrnuti neće.

Lenoćka, naivna moja,
Lenoćka,
zar misliš da će nadolazećim robotima osmisliti programe
ubaciti im čipove:
vididušaljudskaosvrnise.

Program za nežnost, doživljaj ljubavi iii?!
Naivna moja, moja Lenoćka,
sve će to biti kao u sceni onog filma
kad Vudi Alen doživljava orgazam
u specijalnoj mašini, u nekom tamo SF futuru.

Nisi gledala?!
Ponavljam, u specijalnoj mašini, moja Lenoćka
sve će biti sterilno, dodirivaće metale, plastiku, staklo
i štatijaznam šta sve ne

ali će biti sterilno
samo sterilno

jer žive duše neće biti,
mirisa kose, kože, kapljica ljubavi

samo orgazam na visoko-sterilnom-tehnološkom nivou,
moja Lenoćka.

VI

Iza smrti ima pesme
al' ti ćeš je za mene pevati
pod srebrnastom tujom
koja će bditi nad,
znaš ti već gde,
znaš,
moja Lenoćka

Ako ti neki zamere patetiku
pošalji ih u vražju mater!
U trista vražjih što glasnije
i dok ih teraš dobaci:
Bolje k'o *Vasa Ladački sred birtije od srčane kapi...
na stoljnjaku bar kapi vina ima
i ništa nije sterilno kao u sceni SF futur-futura.

Iza smrti ima pesme
al' ti ćeš je za mene pevati
pod srebrnastom tujom
koja će bditi nad,
znaš ti već gde,

znaš,
moja Lenoćka,

otvori ladicu kad kreneš.

(* „Kao Vasa Ladački sred birtije od srčane kapi" – asocijacija na
pesmu i stih iz pesme „Priča o Vasi Ladačkom", autora Đorđa
Balaševića.)

LENOĆKA V

Spavaj
mesec i godine
neće promeniti
ništa
ni deo
pa ipak…
spavaj
moja Lenoćka

sve smrti
koje su bezočnim korakom
istetovirale bitumenom ovu godinu
koje su nam potkresale smeh
ostavile nas podvezanog daha
ne smemo u snu brojati

prizivaćemo pastelne gradove
akvarel ljubavne poruke
ispisane belim rukavima rečnih slivova

svoj kraj prizivaćemo
u trenucima budnosti
kad okom srčane komore ugledamo
otuđenost
pošast novih vekova
u pošastima korake nitkova
u nitkovima skrivene ruke

loši slikari
glume osakaćenost svojih autoportreta

glume
moja Lenoćka
ruke postoje i zagrljaj
malen a dovoljan
pegu na duši da zagrli
ogroman
da nas zagrli obe sa sazvežđima
sazvežđa su krila naših aura

iznova ću ti reći
varljiva su i prazna platna
loših slikara
nasmeši im se i pusti da veruju
da vidiš to što žele da vidiš
nasmej se
seti me se i ponavljaj
ruke postoje i praklica njihova zagrljaj
zagrljaj je živ
samo su izlizana platna tupa
tupo misle
sama si
niko ti neće prodrmati sumnje
gledaj neotrcane boje
gledaj ruke
zarliću nas obe
dok nam na ramenima ne niknu
topli prelivi spektra paunovih boja

sanjaj
moja Lenoćka
verande detinjstva

mladost
moja Lenoćka

prvu ljubav
koja nije stigla do iskrzanosti
gde ploča nije izgrizla iglu
a moljci kožu usana

sanjaj zemlju bez ruševina
gde krv nije prskala
gde kolone smrti nisu prošle
a aveti ostale

sanjaj ljubav
moja Lenoćka
iznova ću ti reći
pismo postoji odvajkada
sanjaj ljubavna pisma na latinskom
sanskritskom…
sanjaj

loši slikari glume svoju nepismenost
glume
moja Lenoćka
(nasmeši se i pusti nek veruju da si i to probavila)

kad smrt zaista dođe po nas
mislićemo je da nas odnese prečicom
ovi dugometražni filmovi mučnih smrti
odnele su nam
odnose nam

podkresuju smeh
podvezuju dah
baci crne kancerogene marame
i pokušaj bar u snu da zaboraviš
lica
da se duša ne bi rasprsla

spavaj
mesec
godina neće promeniti
ništa
pa ipak…
sanjaj
bar tu nek' dođe
godina bez povreda
strahova
bez divljih ulica gde nose rečnike metkova
sanjaj

moja Lenoćka
na jastuku paperjaste nade
ti znaš
ja ne poturam lažna paperja
ti znaš
nudim ti prostranstva
na kome cakle meseci sreće
tamo gde te neće videti
tvoje i tuđe
razorne crne

grlićemo se ultramarin pismima
a kada dođem
ti znaš
lećićemo kraj tebe
pesme i ja
kazivaćemo
o svemu što nismo stigle preko pisama
ja znam
ti ćeš se smejati u osvit propevana
neprobuđena kraj stranca
ti znaš

neprobuđena
kraj
stranca

ELIZA IMA SRCE, ČOVEČE

ELIZA IMA SRCE, ČOVEČE

Eliza je u šok sobi hitre paučine,
motri mrtvu belinu zidova,
Eliza pokušava da pleše,
Eliza je zaboravila plesati,
čoveče.

Eliza mora da nauči ono što zna,
zlo postoji,
ekologija svesti čoveka ne,
prokletstvo,
Eliza mora da utvrđuje utvrđeno gradivo.

Eliza ima trovanje,
debelo, masno,
podgojeno lažima,
trovanje
prokletstvo ona ne može da shvati
zašto joj je ubrizgan otrov,
Eliza je glupa,
beskrajno glupa,
čoveče.

Eliza posmatra životinje,
prokletstvo,
nikad neće saznati
delfini da li lažu,

delfini da li lažu,
čoveče?

Eliza je loše.

Eliza hoda dlanovom linijom samoće
ali joj ne veruje,
kad Eliza tone svet se isprazni,
pobogu Eliza zar su šapati personifikacije stvarniji od živućeg,
pobogu Eliza dokle ćeš se boriti?!

Eliza ima krv, kost, meso,
kosu, kožu, pokožicu,
Eliza ima šareno srce, prokletstvo Eliza
ima srce,
čoveče!

Eliza vidi bljeskom valera,
a ljude ne shvata kao slike,
prokletstvo,
Eliza misli da su ljudi živi!

Završiće pokrivena knjigama,
pobogu znaš li šta joj se desilo
na nju se naslonio čovek u bulevaru misleći da je lutka.
Eliza diše!
Pobogu, Eliza diše,
čoveče!

Eliza ima svoju planetu mašte,
tamo ostavlja i menja svoja stopala,

preobuje jedno zakorači palubom drugog,
tamo peva i pljuje,
tamo pada i leti,
tamo gori i grmi,
tamo se gasi, psuje,
zamisli, Eliza psuje,
Eliza psuje,
čoveče,
postaje zla od trovanja,

dođavola sa Elizom
postaje zla od trovanja!

EDUARDE, ZEMLJA ĆE ME VOLETI

I

Iz tvog neba padaju kisele kiše
otuda usekline ovog umornog lica
Eduarde,
jagorčevina jedva raskrili latice
ali ipak nešto kaže.

Ko te je slagao da je ćutnja odlika umnih
smešan si, tragično smešan, Eduarde
nisi ti filozof
ronilac u okeanima
tumač algi naslaganih po obrisima duše
istraživač pećina uma.

Šta te je slagalo, Eduarde?
Smešan si, tragično smešan
u tom teatru nemicanja.

Eduarde, kaži S!
Među nama su svetlosne godine ponora
skulpture govore
statistikom
samo.

II

Eduarde, ekser se ne ukucava u moje čelo!

Iščupaj ga!
Da, baš taj ekser!
Znam, u svakom od nas ima gvožđa
dovoljno da se iskuje jedan od jedanaest santimetara.
Nije to taj ekser
ne bi ti mene hranio gvožđem
iz svoje krvi da mi zatreba.

Eduarde, kaži B!
Neće bolest u koprive
al' mene je baš taj grom hteo
prepolovio me
guram taj usahli deo mene
guram, Eduarde
i vučem i nosim.

U tu živu polovinu si ga ukucao
znam, i ja znam da ukucavam
naučila sam odavno
slagaću te u kom delu životne drame.
Jesam Eduarde,
bunila sam se: Šta će mi ta veština?!
Al' ko bi sada pravio ramove za rastezanje platna?

Eduarde, kaži D!
Dele nas svetlosne godine ponora
eksere ne ukucavam u ljude

na onoj sasušenoj polovini mene,
na tim se kostima ne rastežu bela platna

iz ove žive mene
niče
sve
niče

Eduarde, kaži P!
Pitam se šta bi izniklo
iz tvoje polovine.

III

Govorim i nema
ne umeš čitati emociju suze
(ne govori ona samo jednim jezikom)

Eduarde, kaži Č!
Zemlja je pismena
ume da čita!

Eduarde, kaži N!
Ne, nije nemoguće
ne umem da govorim kao visibaba
usko-treno oborene glave
lotosov sam cvet
širok, kosmički, preprostran za tvoje sive poglede
takav cvet pokida i najjače kaveze ćutnje

Eduarde,
govorim lotosovim cvetom
govorim lahorom kose
nebom kolena

oblacima pora
govorim i kad spavam
tik-tak-tik
tik-tak-tik.

Eduarde, ne paniči
(briga je ovde suvišna figura)
osećam kako mi se smrt približava
ne vidim je
njušim
tu staru šunjalicu, barabu.

IV

Eduarde, kaži LJ!
Tek da započneš
zasađivati kuće dimnjacima,
drveće lišćem, a korenje mu vijori visoko.

Eduarde, to je naopačke!
Tako se ne oslikava ona!
Obrni sliku.

U ljubavi se golim grudima juriša
bez strela, straha, bez stida
bez oklopa
iako se pokadkad svesno-nesvesno
gine na kopljima njenim.

Smešan si,
tragično smešan u kornjačinom oklopu

znam, dobro znam
da su mi srce trebali iščupati na rođenju
al' nisu
bili bi jednosrčani blizanci tako
al' nismo, Eduarde

ja hodam srcem
drugačije ne umem.

Eduarde, kaži N!
Moje srce ima noge
ono pleše, Eduarde
moje srce ima krila
ono leti, Eduarde
i njime govorim

Eduarde, kaži T!
Tik-tak-tik.

V

Nisam potočić beščujan
grunem kao brzak
najšire što može jedna ptica
i tada govorim
tirkiznim osmehom.

Eduarde, kaži V!
Deli nas svetlosna godina ponora
uvrtložim se plavo
al' ljude ne davim u tim virovima

šareno govorim, Eduarde
tvoje oči ćutnje zbore jednolično
crne su ti jabučice i više nisi smešan, samo tragičan u toj boji.

VI

Eduarde,
zemlja će me voleti, pročitaće me celu,
pevaću travkama, cvećem, korovom
divljim lozama
maslačkom
pevaću, Eduarde
zemlja će ti se smejati sa mnom.

Hajde, ućutkaj nas.

Eduarde, kaži Š!
Znaš šta,
imaćeš ti original parfeme
imaćeš markiran auto
markiranu odeću, obuću
markirane devojke
imaćeš ti i avion i aerodrome, Eduarde
ali nikada
nikada
nećeš imati ovakvo srce

sirot si

Eduarde,
zemlja će me voleti.

KRVARENJE (HALJINA KOJA POZIRA BELINU)

Unutrašnje krvarenje vetra pod sluzokožom asfalta;
osmeha zaključanog pod starom kaldrmom.

Unutrašnje krvarenje haljine koja pozira belinu
sebi i lutki koja umire u izlogu;
mrkova koji je osedlao iščašen zglob u kasu.

Unutrašnje zaglušenje violine-juvelirke
koja kida svoj vrat
a potom ležerno na njega stavlja ogrlicu.

Dugmad izleće iz potiljka besnog drveća
koje cepa bele košulje u mirnom parku,
baca i,
sahranjuje kante boja
svojih arterija i kapilara
ispod kodirane upetljanosti
na ivici blagosti
korenja i duboke,
duboke i hladne,
hladne zemlje.
Klupe ćutke brišu mahnitost krošnji
upućujući kavaljerski naklon šeširom
devojci koja je slomila štiklu

povredila zanoktice i nastavila dalje uspravno
sa malo hramljajuće senke u levoj nozi.

Unutrašnje aveti Meseca u vatrenim kandžama
zvezda koje su pogubile svoju prijatnost
odlazeći u jaru crvenog.

Unutrašnji po(rub) stare Singer mašine,
obučene u sto suknji postavljenih zaboravom
zaćutkuje
Gde je nestalo srce za koje sam šila san?
/Tišina /

Unutrašnje provalije belutaka
zagubljenih u živom blatu.

Unutrašnje krvarenje horizonta
iza koga ne postoji ništa.

I ispred koga ne postoji ništa
napominju crne dirke klavira
na pustoj peščanoj obali.
(Izgubljene u najdubljoj tišini
na leđima morskih dina spavaju bele dirke
ispljunute iz usta ajkula.)

Vidokrug u slepoočnici.

Stranac, u odelu slučajnog prolaznika
nepoznatoj ženi
poklanja ružu otključanog osmeha,
ženi,

sa unutrašnjim krvarenjem kose.
Bosonoge reke prilaze joj
unutrašnjim milovanjem
kosa zažubori
Sjaj.

Vidokrug u slepoočnici košmara
puca sebi u nogu.

GROBOVI SVAKIDAŠNJICE

Četiri zida katrana.
Veselost zgaženog
paradajza.

Grobovi pojedenih obroka
prljavih
čistih sudova
grobovi kružnih radnji
na kojima cakli drago kamenje
svakidašnjeg
za one sa očima draguljara

malena humka mrvica hleba

groblja šetnji u kojima su utihnuli koraci
vazdušni grobovi parfema
grob haljine na kojoj je ostao trag nedovršene rečenice
limfe
grobovi stolica na kojoj je neko sedeo asocijalno
humke ispijenih kafa
završenih i nezavršenih obaveza
roditeljskih sastanaka
grobovi razgovora
nežnosti

svađa
u kojima počiva
okamenjen ranjenik

grobovi zajednički odgledanih filmova
malene humke kiše koja je opozvala smeh

grobovi stepa ošišanih istina

humka bića koje se ugušilo
posmatrajući religioznu zaslepljenost bogom predmetom
ili nekim drugim božanstvom
malena humka naivnosti
čovek prioritet

humke beznačajnosti življenja
bez krvi strasti
nesagorelih u punokrvnoj ljubavi

malene humke napuštenih bokova
neutoljene želje
jednolično udaraju o dokove čežnje

malene humke nemilovane kose
pomešane sa bezmedno poljubljenim usnama
ovlaš
onako u prolazu
sa jasnim pečatom roka trajnosti

grob ispucale kože
suša dodira

grob kičme sa tragovima umrlog plesa prstiju
humka struka kome je san darivao ljubav
potom i budne suze
jarko žive čulnosti

grob nagih dojki
huči vetar nanešenog inja

humka izgrickanih duša
od kojih će samo jedna zaurlati
iskidanim okom
predhumno
i posthumno

ugrobljene
utamničene reči
počivaju
ispod monologa Marsa
rečitog ratničkog boga
humka Afrodite sklupčane u obliku fetusa
iz koje štrče kosti podlaktica

*

i, nigde groba
svesnog obesmišljavanja decenija
humke odluke

BETULA NIGRA

Betula Nigra ima misao
predosećaj žilica,
plešemo smrtni valcer ljubavi
i odraz čvorova
u kome vise dronjci smrvljene strasti
– to je sve što je u tebi za nju ostalo.

(Jablane Matadore, ne ljubi se korom
samo.)

Betula Nigra ima groznicu
spaljenih snova
jezu
ne uvija se u tvoje krošnje više
ponor je tamo i eho
suvišna je.

(Matadore, pazi na pepeo
obriši mač.)

Presadila se onom Brestu
ispuniće je ljubavnim mlekom
sedefnim semenkama
taknuće joj bilo
u uzvišenoj večnoj nežnosti
u koracima prvih taktova
novostvorenog sveta – Oni
pod rebrima
ritam bubnjeva pruža
znojne kapi hlorofila

dok izbijaju iz virova u nepresušnom
oni
Betula Nigra Brest Betula Nigra Brest

godovi se množe
i kore im se boraju
a on je sve dublje i dublje ljubi
postaju zimzeleni
u neprekidnom
Betula Nigra Brest Betula Nigra Brest
ne ljube se korom
samo

(Matadore, pazi na iverje.
Gozba je za te u mladim voćnjacima.)

POMALO HRAMLJE NA JEDNU RUKU

Nosi tirkizne cipele
pomalo hramlje na jednu ruku
njen vrat i kosu
mesec je isušio
zaboravom nežnosti.
Osrebrila joj kosa, za godinu ili dve.
Nije posve sigurna zašto tako naglo
/laže/

nosi crni šešir sa tilom
sa njene haljine otpadaju herbarijumski listovi
dok šeta kaldrmom mahnito svira violinu.
Vitražima oblaže kamen.

Nosi tirkizne cipele
pomalo hramlje na jedan bubreg
poštapajući se gudalom ide na dijalizu muzikom,
ne zna otkuda toliki umor
/laže/

odlazi do močvare procvale lokvanjima
tamo istresa riblju skelet iz cipele
predomisli se, zaroni, i sve ih vrati u skrivene džepove
odlazi papirnatoj kući
puni teglu ribljim fosilima, skeletima.
Odakle ti, šta će ti?

Iz grla, odgovara,
Trebaće, dobar je to pigment
za buduća osvešćivanja.

Pali cigaretu o đon
odlazi na drugu stranu sebe po infuziju svetlosti
ako joj zafali sama sebi daje krv.

Nosi tirkizne cipele
pomalo hramlje na oba oka,
nudim joj putovanje na Alpe
tamo da ispljune moljce radoholičare
iz firme
Nihilizam na svim emotivno-mentalnim nivoima.
Ne mogu,
ugojila sam se za deset mernih jedinica
koječega i kojekakvih.

Uostalom, ne vidim na oba oka.
/Laže/

jer nosi tirkizne cipele
ponekad hramlje na četiri dela srca.

Ipak, i takvu je volim.

Ne znam zašto?
/Upitnikom lažem./

NEBO JE POSTALO KLAUSTROFOBIČNO

glavom se ušrafila u postelju
čežnjivo misleći o tvrdom snu
prekritom plišanim odmakom od šmirglastog
nije uspela
trebala je krenuti prstima
ili se zakucati kao ekser
ne zna šta se desilo

nebo nije imalo pluća za nju

nije htelo disati

pravo samo pravo ulicom
pod žutim snopom svetlosti
izgubivši upustvo za upotrebu mozga
posle ga je pronašla u hrpi zgužvanih papirića
negde na dnu torbe
ženske torbe su poznate
po neverovatnim pronalascima

ni zebre je nisu htele

slike iz negativa posmatraju
onako kako ona ne voli
i reka i zgrade
onako kako zloba posmatra
ne zna šta se desilo

pozitive je jedva pronašla
u hrpi izgužvanih papirića u nedrima
ženska nedra su poznata po neverovatnim količinama
zgužvanih papirića emotivnosti

bulevarima pokloni tečne novčiće
ne pamti sa čijim likom
takav sitniš i prosjaci zaobiđoše
nije ih tražila
nigde

nebo je postalo klaustrofobično

POD VELOM AKVARELA

dlanovi
prestanite strujati drhtajem čudne noći
pokušajte zaći u smirnost takta

tako je lako koraknuti k nama
prizvani smiraj ostaje obesmislen
dlan se podvlači pod mesto na rukavu
šapuće
noć je tako jasna

kristal trenutka
kao otisak u karavanima znamenja
plahi otisci vojuju sa plamenim
svaka je pora maleni vulkan

svetkovina jagodica
oslikanih iznutra
zvezdanim nijansama sveta
a zemlja klizi niz strmine pre snova
kao pokošena livada snu svojih rosa

miriše sjaj

svadba usana
pod velom akvarela
pod duborezom duša
pod ornamentima rastućih virova

pod šapatom snovitog bršljana
što se pod vrat uspeo poljupcima
odlutali, osamljeni
umnoženi nama
otplutali
razvezani
kao sene breza

poljupci deveruše nose beli veo

jedno u jednom
gledamo svetlost unutrašnjeg
dahom izvlačimo glasnost nežnosti
pod baldahine
pod merdevine tela
pod nadstrešnice strasti

zatvaram oči
puštam se kroz levke blizine

zatvorene oči
produžetak dlanova
koji će osluhnuti horizonte bića

svadba usana
pod velom akvarela
pod duborezom duša
pod ornamentima rastućih virova
pod šapatom snovitog bršljana
što se pod vrat uspeo poljupcima

tako je lako koraknuti k nama

ŠTA JE TO PROLAZNOST?

šta je to prolaznost
kad te živim u tkivima duše

šta je to nepovratno
ako uskrsnem u svakom listu
onog drveta u kom odlučiš da se zabiseriš od tame

šta je to gušenje
kad sam kroz jezgro zemlje
aristrokratski došetao
noktima probio omotač
uspeo se do tebe
one sablasne zime
kad ti je lice bilo naprslina leda
one noći kad si ličila na potrgan
odbačen papir
negde na skeletima pustinje

šta su to krhotine sećanja
kad te dišem u klicama semena sekvoje

šta je to nemoguće
kad sam sa dna
razmicao okeane
do belog čaršava
gde sam ti rađao talase
ostavljao prozračne bele ribizle
da te jutrom nahrane
džentlmenskom posvetom nežnosti

za koju si tvrdila da više ne postoji

šta su to smrt i pepeo
kad sam šiknuo ultrazelenim bilom kroz spaljene žile
sa tvojim imenom na ukosnici grana
nisi govorila
žagorila si
oživljena
pamtim te i pre prapočetka

šta su to daljine kontinenta
kad sam kroz tebe
presvučen u lahor prolazio
a ti se osvrtala u odrazu usana
moje prisutnosti

šta su to starost i bore
ja sam ljubav i svedok
nastanka tvog prvog pećinskog crteža
(ko to zlopamti tvoje mlade večnosti?)

šta su to strahovi
mračna podmuklost i tvoja slabost
kad sam niz mrežu svetlosti
stizao
bivao
sve dok ne postanem koža spokoja
sve dok nas svemir ne primi
u svoju utrobu
svijene

GORE LOTOSOVI CVETOVI

Gore lotosovi cvetovi
vodeni govori vrtložno se povlače u svoje tajne odaje
biserje napušta sigurnost usana školjki
odbacujući svoje stanište
u jatima ljubi mastiljave visove

cvetna majko
gorim
lotosov sam svet

vrtložim se
posestrimo vodo
napuštam sigurno stanište
ljubim mastiljave visove
čergar sam

u talasima kroz zrenja misli
učini mi se da znam za kojom slikom ću poći

triptih se smeška mojoj neodlučnosti
kroz prizmu prezenta
priziva futur jesenji
i pršte boje:
Slomi vetar o kuk
dok gore lotosovi cvetovi
svaki je pigment slovo o ljubavi,

čitači duga poznaće ih.

GREŠKA U OKU SLIKARA

Ušla sam u kuću, izula cipele, skinula kaput
i okačila se o čiviluk

prošla su dva, tri godišnja doba
tako

zaškripala je kvaka iščekivanja
obukao me na sebe i krenuo cvetnom ulicom

otvorih oči u času kad izbismo do starog zamka
na vrhu brega.

Oblikovali su nas vetrovi
nad ravnicom pijanosnenom
sanjasmo vinjete pitomog leta porama energije
nadolaskom prvih naznaka
bujnobojnih meseci
skinula sam
svu našu odeću
obukla u zrnevlje bilja i
posadila nas pod krošnjom jasike

kad odzimi,
da izniknemo šareno, bogato zanjihani željom.
Otvorih oči negde u ravnici
baš dok se slikar potpisivao na koncu svog pejzaža

nasmešismo mu se prirodom
pegice svemira poleteše…

Greška u oku slikara.
Negde sam već videla takav akt

VASILISA

Vasilisa sa tvojih usana
zrele trešnje, posvađane s godišnjim dobima
meridijanima, paralelama
padaju na moju put
uspavljuješ jutro
razdanjuješ dan, budiš mi noć
Vasilisa
drugi će imati dlanove
vrele dlanove, Vasilisa
ali se neće umeti dotaći
imaće prostor bez daljine
i jastuk,
jedan jastuk, Vasilisa
temena će im biti priljubljena
samo temena, Vasilisa
mi ćemo zaljuljani zelenim beskrajem
uplesti dlanove bršljana
reka i trava
drugi će imati postelju na kojoj niče jagorčevina
jednu postelju, Vasilisa
od šipražja
močvarnog bilja
drugi će imati prste
na kojima rastu okorenjeni stogodišnji nokti
grišće se njima, Vasilisa
imaće ulicu
svoju ulicu, Vasilisa
ali hodaće svako svojom stranom suprotnim smerom
drugi će imati visove
užegle visove, Vasilisa
srušiće ih čangrizav gramofonski tok
mi ćemo blistavo protkanih duša
slušati hor slatkogrlih ptica
Vasilisa, drugi će imati svoju klupu i svoje drvo
s kojih će sljuštiti boju i koru
rečenicama jeda
Vasilisa, drugi će imati kose, duge kose
narasle u noćima spoznaja
ali se neće umeti zagrliti njima
drugi će imati oči,
oči bez prepreka, Vasilisa

ali se neće umeti videti
mi znamo kakve su naše oči
Vasilisa
opijeni plavetnilom beskraja
nećemo stići do tih klanaca
na našim slapovima zima neće voditi beleške
naše su trešnje posvađane sa godišnjim dobima, meridijanima,
paralelama
drugi će imati... ne znam.

Mi ćemo protkanih duša k' večnosti
jedno smo drugom kičma

kičma,
Vasilisa.

ZAMAK

Zamak je snoviđenje i miris starina
svaki nabor, prevoj i sen draperija

pod baldahinom
latice su bile kolaž-uobrazilja
prozor kraj nas nije stajao
nisam mu krila raskrilila
ni vazduh ni vodu nisam kroz njega dotakla
ni uvojak kose nije ti večnost na dlan padao.

Hajde, reci mi
sve sam to u slici zime
na oknu živela

vetar nam nije preko ramena protrčao
svetlost sveća nije zadrhtala
kapi voska nisu niz svećnjak kliznule
kamin nije postojao
dah na vratu nisam osetila
to se notna zastavica sa mnom poigrala.

Hajde, reci mi
niko me na rukama nije nosio
sama sam levitirala
jedinstven reljef jagodica
bio je hiperrealistički naslikan dodir
nekog sumanutog slikara

i damari srca bili su kompozicija
nekog vanredno nadarenog kompozitora

ni zvezde ni zore nisu se rađale
divlji konji nisu projahali iz sna nas prenuli
i nije bilo svitanja u kome su nam cvrčci kapke rastvarali
sve su to bile dišuće projekcije
talentovanog režisera

krila se ptica nisu spajala
zažarena divljina, nežnošću potaknuta
nije se budila
ni krošnje nam nisu krale
otiske s grla

ruke su bile akvarel dimnih čestica

ni osušenu zemlju
kiša nije natopila
gladne usne nisu se hranile jabukama,
brane u nedrima nisu popustile
bujice nisu svom silinom potekle.

Hajde, reci mi
sve je to uobrazilja
pomahnitalih hiperrealističnih umetnika

hajde, reci mi
ne postojim
sebe sam izmislila

nisam se rodila
živela

hajde, reci mi
nisam disala.

PROŠLE SU GODINE SOFIJA

Video sam te Sofija,
obukla si na nago telo ljusku oraha
zakačila dva končića
i ljuljala se u njoj,
činilo se da si zaštićena.

Video sam te Sofija,
pretvorila si se u zrno graška,
sedela u mahuni
u društvu ostalih graški
i opet, opet bila sama.

Video sam te Sofija,
na obali mora
sakrila si se u onu spiralnu školjku
primakao sam se bliže
šumila si nešto o dubinama.
O dubinama čega, Sofija?

Video sam te onog jutra
trčala si niz stepenište zgrade
mislio sam da je vetar
odnekle doneo listić platana.
Tako si trčala Sofija.
Naglo si sela
oslonivši glavu na nevidljivo rame
i zaplakala.
Stepenice su hladne, Sofija!

Pomešao mi se miris
stare zgrade
oraha
mora
šuma.
Zbunio sam se kad si ustala, Sofija
niz tvoje lice
niz haljinu
skliznuli su kristalčići
zazveckali po stepeništu,
par njih mi se zaustavilo
pred nogama.

Zbunio sam se Sofija,
nikada nisam video lane sa takvim očima,
nikada nisam video vrapca koji plače.

Zbunio sam se Sofija,
mislio sam da su ti iz džepova ispali klikeri,
mislio sam da sa sebe stresaš prašinu,
mislio sam da grmi,
ne znam više šta sam mislio, Sofija.

Zbunio sam se
umorna lala digla je glavu
prošaputala
idemo dalje
baš kad sam pomislio da u njoj snage nema.

Prošle su godine Sofija,

još se saplićem o one kristalčiće
zazveckaju niz stepenište
kao da si ih sad prosula.
Znam, prošle su godine Sofija,
al' ponadam se da si se vratila.

Zašto ti nisam prišao
onda,
položio ti svoje rame?

Prošle su godine Sofija
srećem te samo u svojim pesmama
nisam te ni poznavao,
ne znam ni kako se zoveš.

Sofija?

NISAM VIDEO MARIJA

Cepala si papire
špahtlom sa zida ljuštila
davila u kadi
ribala sa tepiha
Dane.

Smejao sam se, Marija
dlanove si ispružila
sa puklim žuljevima.

Kako si samo drska
bezobrazna
nezajažljiva
neskromna bila
za razliku od mene, Marija.
Tražila si dan
sa mirom u plućima
i još si htela svojom glavom misliti, Marija!

Mislio sam da si magarac
a ti si bila običan konj.
Mislio sam da si orao
a ti si bila obična mala ptica.
Mislio sam da si lutka sa končićima
a ti si bila već oblikovana skulptura
neobična jer je disala.
Mislio sam da si drvo
a ti si bila obična grančica.
Mislio sam da si medved

probudićeš se i reći
noćna mora
a ti si bila sova.

Smejao sam se, Marija
dok si molila
za malo svetla
u tim tvojim neskromnim željama
uvek sam računao
na tvoju zakletvu
da u tami nećeš živeti,
znao sam da ćeš moliti.

Mislio sam da si od čelika
da si delfin koji će uvek isplivati
iz ponora mog igranja.
Nisam te čuo, Marija
dok si se u sebi obrušavala kao lavina.
Nisam ti pružio ni prst
pustio sam te niz liticu,
vrata
Marija.

Bio je dan
kad se ni gromova nisi plašila.
Nisi oprostila
što sam te gađao kamenicama ravnodušnosti
što sam te streljao ledenicama praznog pogleda
što sam ti malo iseckao srce
što si bila na nišanu

mojih eksperimenata slamanja.
Malo sam te ubio, pa šta
zašto si toliki baksuz, Marija?

Kažem ti,
nisam video
kolika je dubina
tvog voljenja.
Nisam video ni kad si se onesvestila
nisam video da ti jednjak proždire gorčina
nisam video, Marija.

Negde sam izgubio
oči i srce i uši i dušu
tih dana, Marija.
Mislio sam da uživaš
u dušinim ranama,
nisam video koliko si me prezirala.

Vrati se, Marija
sad ti verujem da mesto jajnika imaš

mušku pesnicu
kojom zalupiš vrata.

UBISTVO LJUBAVI

I

Nemoj na oblake,
šaputalo mi lišće brezolike majke,
nemoj na oblake mekša si od njih,
nemoj na oblake, ni sa kim,
grišćeš vlastite usne,
lutaćeš gradonosnim ulicama
bubnjaće one o glavu tvoju
i neće biti strehe pod koju ćeš se skriti

nemoj na oblake, mekša si od njih,
crtalo mi bilje.

Ma, šta zna bilje!

II

Vrisnuh višestruke prelome
(duše protkane telom)
i jato belih ptica prhnu s prstiju mojih

eno ih, kljuckaju kriške oblaka naših,
sa kojih si me gurnuo
dole,
u krater tebe,
živu zakopao.

Tesno je!
Grebem krik,

otvori,
hoću da živim u tebi

otvori,
dozivam ribe Severnih mora
ne mogu sama da slomim ledne gromade
hladno je u slepoočnicama
modri su mi laktovi
čelo drhti

otvori,

pokušaji disanja
zubima eksere ulubljuju,
ne prepoznajem ovo lice

otvori,
nisam krtica
ne umem da rijem
niti da se hranim, ovde,

otvori,
oprostiću ti plamenom
najviše tačke vulkana nežnosti
koji je kuljao iz mene, u času

kad si me gurnuo
dole
u krater tebe
živu zakopao

otvori!

III

Zašto si vukao početak po kojem ne znaš hodati
zar nije moglo blaže, negde na obroncima sna?
Ne razumem slast u tvom uhu
dok me ubijaš tako.
Zar si morao da me dovedeš na moju sahranu?

Šta ćeš kad zazveckaju zvona
drvene truleži
kad raspuknu se plihovi boli
a ono jato ptica sleti na moje koščate prste

zapišti,
upamćen lelek

zapišti,
upamćen lelek
iz žive humke
u tebi,

šta ćeš?

Šta ćeš kad zazveckaju zvona
drvene truleži
kad raspuknu se plihovi boli
a ono jato ptica sleti na moje koščate prste

FOSFORNA PRAŠINA

I

Klovn se smeška i smeška
vrteške
lica
lebde nasmejane
kad sljušti mu se osmeha koprena
vrteške nestalih
klešu mu skulpture
samotne.

Gde seju, gde pronalaze?
Otkud toliko semena zaborava?

Polen laži draška i celim telom kijam.

Zaboravim ključ, vozačku dozvolu
zaboravim da radim prvu smenu, zaključam vrata
ugasim svetlo, isključim ringlu
zaboravim kišobran
zaboravim,
al' ljude?!

Gospođo Zaborav iz vaše zdele
izgleda, nisu me dobro nahranili.

Zaboravljaju majke decu
u smotuljcima pred zaključanim vratima
zaboravljaju očevi decu nerođenu

zaboravljalju cvetovi otpale latice
zaboravljalju jeseni lišća, boje
zaboravljalju zime snegove
zaboravljalju ljubavnici polegle trave postelju
i sebe zaborave i ime zaborave
zaboravljaju prsti nokte
zaboravljaju oči suzu i slike
zaboravljaju vetrovi otiske

i sve miriše na zaborav

zaboravlja i on.

II

On
imao je oči poezije
u koje su sve nesreće i boli
radosti i sreće
ovog sveta slile
imao je ramena prepuna pljuskova
jagodice pune tačaka namesto linija
usne lepljive od strasti
dah koji breg može oduvati.

Eto, to je imao.

Nisam videla pljusak će me sprati
dah oduvati
za tren će me spržiti
završiću u izbrisanom
delu njegovog uma.

„Jeo sam zubima tvojim!“, reče,
a evo hvata se buđ na te reči
kijam celim telom
budim se
shvatam,

zaboravljaju ljudi čak i lepote lepet
i sve što im na lepo liči
i sve što im lepo zvuči
i sve što mogu osloviti značenjem lepim

ta vrsta zaborava ne poznaje vreme
samo ljude.

Večeras neću
sutra neću!
Neću da budem čovek
neću da budem žena
što tako lako i jednostavno zaboravlja
pretvoriću se
u kamen
il' drvo
jer pamtim.

III

Pamtim i vedro nebo
zvezdu što gleda
razjarenu lavicu
besnilo njeno na papiru
skače sa stranice na stranicu
udara o linije o kavez, o žicu,

pamtim fotelju kojoj cepam šavove presvlake
dok u njoj udobno grebem slova
i urlam na začuđenu zvezdu.

Pamtiće me fotelja drvenastim mozgom
i olovka će pamtiti,
njenom sam venom urlala
njenu sam venu istrošila
pamtiće dodir mojih prstiju u nekom kontejneru
i zameriće mi.

Nagnječi se mozak od razmišljanja
o lobanju udara i tek kroz modrice progleda:
prašina si s cipele otrešena i blato,
posle pljuska s njegovih ramena

pod besnilom se sveska povija, olovka lomi
ispisuješ histerične stranice nepoimanja
rečenice počinju jedne druge da ujedaju
reči se rvu
slogovi grizu

a onda odjednom
spokoj
u još jednom trzaju mozga:

nisi bila vredna pamćenja
nisi bila fosforna prašina.

Gospođo Zaborav
(sa naglaskom na – čak lepote lepet)
zahvaljujući našim lošim odnosima
zapamtiću
iznova i iznova pronalaziću mir ponavljajući
nisi bila
vredna pamćenja

nisi bila
nisi bila
fosforna prašina.

ŠUM PERA OGRNUT MASTILOM

toliko toga čudesnog
u simbiozi plavetnila
nebeskog i okeanskog
treba udisati sa tobom
dok ruke nam postaju krošnje
drveta kog poželimo
zelene se proplamsaji puzavica
i sve je u nekom skladu dobrooslikanog akvarela
samo se boje načas razliju
u toploj izmaglici hlorofila
ne razaznajemo k'o je tu plaho drvo
k'o puzavica što ga obavija
ne razaznajemo
iz kose nam rastu meki prsti muzičkih instrumenata
gudala nam
jedna vlas
trzalica druga
čas vidim mandoline
čas viole
violine
gitare
ko zna koja su vlas
dok flauta se izvija
a ponad njih izviru kolažne notne reke
i neke beličaste ptice tila sleću u krošnje instrumenata
dodaju harmoniju vazdušastim krokijima krila

i sve je kao nadrealna slika
koju ne treba ni pokušavati naslikati
razbiće se magija končertina

toliko toga čudesnog
u tragovima mislenih venaca
geografske karte nemaju oči za njih
ni boju
a mogla bih se zakleti
svetle k'o cvetovi na slikama Gustava Klimta
i vide se sa Meseca jasnije od Kineskog zida

toliko toga čudesnog

rađamo svoju Zemlju van domašaja svega
pojavljujemo se u oblicima koje došaptavamo jedno drugom

daurski ariše
zaplivajmo u bistroj vodi magnolija

navijmo ekvatorski sumrak
nećemo da traje 24 minuta
poletimo odatle do polova

pogledaj
nestaju nam tela
mreškamo se

polarna svetlosti

toliko toga čudesnog

cvrkut smo lelujne trake šešira
mili zvuk zvezdanih kotarica
šum smo pera ogrnut mastilom
ispisujemo
tanušne reljefne obrise
travnatnog pergamenta

plesom

neumirući beskraj blagosti

…
ponovo te vidim u kotlinama mojih dlanova
i mogla bih se zakleti
uskočio si u večnost
među godove srca

daurski ariše*.

(*Daurski ariš – vrsta drveta koja se ne smrzava na temperaturama
i do -77 stepeni Celzijusovih.)

SVU NOĆ

Svu noć sipim niz prozor tvog sna,
svice zbiram, pa ih sa usana puštam,
sričem, u slobodnom letu,
tihano,
kapke da ti ne probudim.

Svu noć jorgovanom, lipom,
zasipam grad, ulicu sretanja,
o njih dah da ti se spotakne
u smešak razmiriše.

Svu noć pohodi me reč, prvi put čuta,
značenje joj ne znam,
tek osetim je kako me odeva, obuva:
Dudinjo moja.

Svu noć šetam lagano,
šum da ti trepavice ne umrsi,
preslikavam oko na kožu tvoju,
tako lakše dišem,
i sipim slovca,
kosu tvoju zašarenim.

Svu noć iščekujem vrata, zora da odškrine
na jastuk jutra,
koje nikud ne odlazi,
svice u pamćenje da utisnem.

Svu noć avgust iz Dudinje šapuće,
rekla je: Ja ću doći, i došla je!
Ni ti, ni godina niste joj verovali,
a Dudinja je došla

u jutro
koje nikud ne odlazi.

NA DOKOVIMA ZVEZDA

Starosedeoci vodenih rukopisa,
ta sićušna nedra potoka
tamo gde su tek kap,
tačka u stenama,
skrili su tajnu nastanka,
ti prastari mudraci
smeškaju nam se odavnina,
ponekad smo samo beli papirni brodovi pušteni niz
naše krive misli da nemaju um,
a dobra vodena duša dozvoljava nam da vidimo im izvorišta,
da ih čujemo kad se kroz gore
vodopadnim glasom prolome,
održavaju svoje sastanke
na ušćima,
puštaju nas na odmaramo na njihovim stranicama.

Ko može prebrojati
koji je tom njihovih spisa kad stignu do dubina okeanskih,
poručuju nam,
kapnu, zažubore, talasima zapevaju,
odsjajima vodenog pera,
premalo je dobrih tumača dobroćudnih vodenih pisaca,
ponekad smo samo čunovi
zaljuljani čuđenjem pred njima.

…

ne čini li ti se
da je moje pero krenulo dvosmerno,
al' evo
izviruje,
znaš,
sigurno znaš odakle,
tamo iz one tačke
gde smo jedna duša vodena,
tamo iz one tačke gde sam tek kapljica
na izvorištu u tvojim nedrima,
tamo gde pevam
tvoja sam kap na usnama,
talas nežnosti što te upija,
tamo
gde smo beli vodeni brodovi
na dokovima zvezda,
svezani pismom ljubavi.

NAUČIĆEŠ ME DA LJUBIM USNAMA TVOJIM

naučićeš me da ljubim tvojim usnama
milovaću te tvojim taktovima prstiju
gledaćeš me mojim zenicama
plesaćeš mojim nogama
mojim prstima

naučiću te

pomicaćemo se u smeru lepšeg
čulnijeg
slojevitijeg
u raznovrsnim pravcima
disaćemo poput oblaka
to će nam oni reći
kako

ovo naše
jedno kuckavo
zna putanje nedarskih slapova

satovi bahati
šepurkasti
ništa ne znaju
od njih nećemo učiti
ama baš ništa

odvešću te na livadu
koja se nikada ne kosi
tamo gde sam posejala zrna zlatne kose

prizvaćemo lahorne vode
da nam razliju oblike
u akvarel tragove upisane u čeone misli
rasplinutih trajanja

to će joj nebesko bilje
reći
kako

KRADEMO DAH REKAMA

krademo dah rekama
poput riba
grickamo sene mesečevih rebara

vreme je
da sagradimo brvnaru
negde između beskraja
negde na kamenu korala
zalutalom povrh planina
na kosi šuma sa šeširima snegova
kraj voda

vreme je

poljubimo tlo na kome gradimo

mahovinu na krov
kamin unutra
ugrej me stihovima dlanova
bela breza

kći pahulja
niče na mestu prvog poljupca

ribizle kaplju iza svakog pokreta
ješćemo ih i čitati izjutra

u malom krugu
pažljivo biranog mirisnog zvezdanog praha

usne šapuću kosi o nežnim slojevima
kosa izgovara talase na vršcima sjaja
na svetlosnoj liniji bliskosti pora

iz otopljenog snega narasta nova voda
tiha kao pero na nepcima potoka

buja pšenica
hleb dajemo pticama
hranimo srne

krčag se stvara
napunjen dušama
u krugu
dvadeset uljanih lampi jagodica

duše poljupcem
daruju brvnaru
puzavicama strasti

mahovina na krovu
pada u san
sluša zvuke prožimanja
umorna od simfonija dva kompozitora
i u njemu saznaje da je nikla slatka
na mestu poljubljenog tla

muziku iz davnina
svirala
donosi zova
sama

nahranjene srne na vrata kače liru
i skrivaju se na trgu hrasta

vreme je da sagradimo brvnaru
negde između beskraja
negde na papiru
možda

susretaćemo se tu
na otvorenim stranicama
u kasnu noć prizivaćemo zoru
i pokriti se snom sklapanjem korica

vreme je

DETE HARFE

Otvorio je vrata
trećom notom
osmehom prenosio oslikane plave beskraje
dodala sam mu malo žute, bele i crvene

u nastajanju predela
dlanovi nisu hteli da ćute

vajali smo harfu
iz njene krošnje otkidalo se lelujno lišće
sviralo po predelima čulnosti
uplitalo u kose bršljana
bojili smo strune
tihim nijansama drhtaja
iz lelujnih liski klizile su kapi žudnje
pretvarale se
iz vode u plam
iz plama u kapi
igrale se oblika
harfa ih utka negde duboko
u jezgro
njenog dugog izvijenog vrata

odsjaji
nisu hteli da ćute
odu svetlosno-nežnih poljubaca

...

na odlasku
dotakao je donju lestvicu usana
trećom notom
nehajno kaži(prstom)
zatim je, najpre ramenom
iščeznuo
kroz magličast zid od sna
ostavljajući prvu notu
do(viđenja)

pod pupčanikom
ostala je želja neiskazana:
dete harfe

(srce nije htelo da ćuti
u pesmama).

LEPTIR

Nisam te voleo, Lepršava
gledao sam preko tvoga ramena
tražio onu drugu, treću, četvrtu tebe
a ti si stajala ispred mene
sva svoja
prava Lepršava.
Bila si sva natraške
i više nisam znao
da l' gledam preko tvog ramena il' stopala il' krila.
Govorila si nekim svojim jezikom
pričala
da si sama svoja zemlja,
zamalo da me ubediš da si svemir
al' ja se nisam dao,
nisam te voleo Lepršava
i ko bi te voleo takvu
bila si sva natraške
ni leteti k'o čovek nisi znala.

Govorila si:
Imam četiri ruke od reka,
dlanovima si dodirivala onu vodurinu
i govorila:
Pogledaj
osećam sve ruke što grle ove reke,
pogledaj odsjaje,
udahni mirise.
Znala si se izvaliti
onako poleđuške

na obali
skoro si pevala od sreće
dok si gledala zvezde.
I ko bi te voleo takvu
bila si sva natraške.

Ko zna kojim si jezikom pričala,
ko je još iz crne boje izvlačio belu,
ako sam dobro razumeo?

Nisam te voleo, Lepršava
uhvatila si se za ruke
sa onim Savom i Dunavom
pred mojim očima plivala naga sa njima.
Dozvolila si onom Vetru
da ti zavlači ruke u kosu
i smejala si se dok te je milovao celu
a meni je pripala muka.
I ko bi te voleo takvu
bila si sva natraške.

Lepo sam ti govorio
onaj tvoj ljubavnik Vetar
baca mi trunje u oči
rekla si:
Daj, pusti Vetar
otvori oči dok me ljubiš
pogledaj moja krila
mi smo sada.

Lepo sam ti govorio
kako mi Kišandan smeta

rekla si:
Daj, pusti Kišandan
zagrli me dok sijam
mi smo Sada.
I onaj tvoj ljubavnik Sneg,
lepo sam ti govorio da mi smeta
smrznuo mi se nos od njega
rekla si:
Daj, pusti Sneg
pogledaj kako pletem šator od pahulja
tamo ću te toplo skriti
mi smo Sada.

Sad kad smo Nekada
ne bi mi smetala kiša da se sliva
preko čela
nosa
preko poljubaca.
Ne bi mi smetala
ni mokra kosa, vlažna haljina
ni vetar, sneg na obrvama,
sad kad smo Nekada.

Nisam te voleo, Lepršava
gledao sam preko tvoga ramena
tražio onu drugu, treću, četvrtu tebe,
a ti si stajala ispred mene
sva svoja
Leptir bila i rekla:
Ne mogu leteti s tobom
skvasio si mi krila.

TO JOŠ NIKO NE UME

TO JOŠ NIKO NE UME

Hajde plači sa mnom,
niko ne plače kao ja,
biće ti malo nezgodno,
uvek mi nabiju prst u oko,
smeta im zvuk okamenjenih suza dok prave rupe u podu.
Hajde plači sa mnom,
sa mnom je najlepše plakati,
biće ti malo nezgodno,
moraćeš da mi brišeš suze,
a to još niko ne ume.

Hajde raduj se sa mnom,
niko se ne raduje kao ja,
skakaćemo po žardinjerama,
vrtećemo se oko uličnih svetiljki,
ljubićemo drvorede,
širiti ruke, hvatati radosne sebe u letu,
biće ti malo nezgodno,
gledaće nas prolaznici,
malo je reći mrko,
iako nikog ne mlatiš i nikom ne smetaš,
svikli se na čemer
pa im je čudno sve što se izvije drugačije.
Hajde raduj se sa mnom,
niko se ne raduje kao ja,
bubamari na ruci,
svicima u krilima leta,
procvalom mirisu lipa,
pesmama reka,
biće ti malo naporno,
treba prepoznavati radost dvadesetčetiri sata.

Hajde pij sa mnom,
jer niko ne pije i ne nazdravlja kao ja,
u zdravlje mojih zvezda i breza
što me nikad napuštale nisu
za svaku ponaosob po kriglu piva!
Hajde pij sa mnom,
jer niko ne zna kao ja
za svaku žicu zadenuti milion razbijenih parčića sebe,
biće ti malo nezgodno,
iako ne praviš galamu i pijan
ne mlatiš ostale goste,
biće ti malo nezgodno
ako nas primete
kako plivamo kroz pločnike i nevidljive zidove,
moraćeš da naučiš
u pravom trenu da zagrliš svaki moj skrhan deo,
i da ga uspavaš izranavljenog,
a to još niko ne ume.

Hajde crtaj sa mnom,
jer niko ne crta naslagama ugljena iz sebe,
biće ti malo nezgodno,
umakaćeš prste u moja nedra,
treba istrošiti taloge,
ima ih za par gradova, u muralima sve zgrade da osvanu,
a posle,
moraćeš da naučiš prepoznavanje mog spokoja,
i trebaš me zagrliti i tad,
a to još niko ne ume.

Hajde boluj sa mnom,
niko ne boluje kao ja,
teglićemo bol u zavežljaju na štapu,
savijaće nam kičmu,
a mi ćemo se uzdizati,
i radovaćemo se,
veruj,
bar za trunku više od drugih,
jer ćemo pevati pesmu.
Nismo beskičmenjaci i plastičnjaci,
moraćeš da naučiš da me lečiš, umiriš, miluješ,
dok bolujem od ljubavi,
kasno ih lažne naslutim,

zaletim se otvorenog srca,
koplja lakše prodru,
a ja ostanem tako
da krvarim na lažima,
zabezeknuto i zveknuto
malo je reći
k'o glavom o banderu.
Moraćeš da naučiš razvezivanje čvorova bola
kad zadesi se tako da umrse se raznoliki,
za isečenim drvetom,
za ljudima koji se nikad ne vrate,
za istopljenim snegom;
moraćeš da naučiš razvezivanje čvorova,
dok bolujem od mržnje,
čiji me hici okrznu u hodu,
a od nje bežim odavno,
sluhom i mirisom,
vidom i jezikom,
dušom i umom,
biće ti teško,
jer to je maraton za ceo život.

Hajde sanjaj sa mnom,
jer niko ne sanja kao ja,
brdo pahulja,
poljane na kojima niču stihovi dobrotom opijeni,
makar ih nikla samo dva,
biće ti malo nezgodno,
moraćeš da se hraniš ostvarenjima malih snova,
da roniš kroz plitke i duboke snove,
i letom dotakneš njihove vrhove,
a to još niko ne ume.
Hajde pričaj sa mnom,
jer niko ne priča toliko koliko ja,
biće ti malo nezgodno,
moraćeš da shvatiš,
može se biti pričljiv i mudar istovremeno.

Hajde ćuti sa mnom,
biće ti mnogo teško,
ozbiljno mi lice,
moraćeš naučiti da ga nosiš,
i svima objašnjavaš
da nisi ljut i neraspoložen,
samo ti lice takvo,
ja sam se umorila od objašnjavanja,
ako se umoriš i ti
evo, kupićemo maske klovnova,
pa ćemo se stalno keziti,
ili ćemo štipaljkama, krajeve usana zakačiti za uši.

Hajde izvinjavaj se sa mnom,
jer niko se ne izvinjava kao ja,
kad treba i kad ne treba,
biće ti veoma nezgodno,
učićeš od mojih breza i zvezda
kako se izvinjava bez podteksta
šumova predomišljanja,
a to retki znaju,
moraćeš da se naučiš strpljenju,
neka izvinjenja stižu sa decenijom kašnjenja.

Hajde igraj se sa mnom,
niko se ne igra kao ja,
igraćemo žmurke,
biće ti malo nezgodno
dok se pokušavaš uvući u tubu boje,
sakriti se na polici iza knjiga
između dve stranice,
iza dva slova,
igraćemo pošteno,
zapamti,
nikad se nećemo igrati grubih igara,
nikad se nećemo igrati rata,
ni postrojavanja,
čim mi neko naredi da se postrojim
ja se rastrojim k'o četa leptira,
takva mi šarena neposlušnost,
verujem,
neće ti biti teško,
mi smo deca ranjenog pogleda.

Hajde voli sa mnom,
niko ne voli kao ja,
moraćeš da naučiš,
(ako se voljenje uopšte može učiti),
to mora da traje dugo i strasno i iza beskraja,
biće ti teško,
treba voleti tako,
i raznovrsno
treba voleti,
zarazno i bez predaha.

Hajde želi sa mnom
jer niko ne želi tako malene želje kao ja,
modro-plav kačket,
bordo plišanu svesku,
mesingan fenjer u sobi okačen,
bosu nogu u travi,
nežnost maslačka na ramenu,
pev slavuja, poželi.
Hajde želi sa mnom,
jer niko tako bandoglavo
uporno
ne upire želju,
da se rodi kad hoće i gde hoće,
biće nam mnogo teško
to još niko nije uspeo.

Hajde svetli sa mnom,
sedefasto kao Mesec,
počnimo odatle
to je bar lako...

a za ostalo, biće ti kako se snađeš,
jer niko nije
nepodnošljiv,
uvek
kao ja,
tako bar kažu oni
koji sve ono
još ne umeju.

SVE TE MALE OBIČNE STVARI

SVE TE MALE OBIČNE STVARI (februarska potonuća)

(Prazne su mi cipele,
obuću ih
i haljine su prazne
samo ih sada
promatram nevoljno
na knjigama nema mojih ruku
ne čita mi se
sve te sitne obične stvari
pretvorile su se u scenografiju
- nedostajem,
par poteza i oživeću je.)

Ćutim.
Glas će me ugristi
oko neće izdržati
utroba pod grlom zavrištaće

Sve te male obične stvari
tvoje košulje
šešir
šuškanje kaputa kad ulaziš u kuću
zveckanje jednog tanjira više
jedne vinske čaše više
zvuk trenja stolice o tepih dok je privlačiš ka stolu

svi ti papiri, pripreme časova, planovi, dnevnici,
sve te uobičajene scene tvog recitovanja Jesenjina
sve te male obične reči:
Koja je kravata lepša,
ti imaš ukusa, ćeri?
Dodaj mi naočare.
Dolaze mi drugari.
Sve te šoljice kafe koje posle treba oprati

sve te male obične stvari

glavom kroz zid februarskih potonuća
deset godina ne uspevam
u košulje tvoj miris ugurati
ne uspevam
sve te male obične stvari, oživeti,

krijem se u mastilu
nemoći.

****

ako je sretneš daj joj ovaj list zahvalnicu
za sva oslikana ogledala žena
one sate uzaludnih pokušaja nalaženja sinonima
da označim reč koja ju je proganjala ceo život
jer mi je neprijatno da priznam taj osećaj dok žvaćem sunđer
posle svih njenih lomova, Fridu ako sretneš,
crnokosom se zahvali za onaj stih u kome dominira prozor koji
izgravirah na koži

za njega nema ako, napili ste se onim tvojim vinom što miriše na
jug
u nekoj kafani za stolom sa limenom pikslom i kariranim
stoljnjakom
ti tražiš da ti pevaju poubavo devojče on zove tamburaše i smejete
se smejete se

pojela sam sunđer začinjen usitnjenim kamenom, po ceo dan pada
sitno ugljevlje
iako sve to, ne brini
dovde se čujete
smejem se

NOĆNI HORIZONT

Na podijumu peščanom
travka,
pleše svoj poslednji valcer vetra.
Zemljine grudi miluju nebo.
Mesec plače svoj sjaj
i samo ponegde
mačije oko žmirka.

JEDINA

JEDINA

Prošla sam danas stazama planinskim;
izvrtala mi se stopala po oštrom kamenju i grebala me divlja
kupina,
al' izbih na dvorište strmo i kuću staru, usečenu u brdu.
Videh prababu kako nešto u drvenom koritu mesi,
i s tobom devojčicom nežno priča.
Sad me ne čudi što su ti oči uvek prepune iskri ljubavi za nju.

Prošla sam danas i zagrlila te sred ratnog vihora, Jedina.
Sretoh te u varošici, noge ti promrzle, bosonaga si do škole
put prtila, godinu dana sred ratnih nedaća.
Osetih sve tvoje strahove i videh te u zbegu,
dok ispod tebe gori grad i smrzla sam se, Jedina.
Sad me ne čudi što u dve pahulje vidiš smetove, vatre i šlemove.

Prošla sam danas, tvojim lakim snom, u kući tvog rođenja
i divila se devojčici heroju,
što je bratu sa visokog prozora, u naručje sestricu, jos bebu bacila
i tako je spasila.
Sad me ne čudi tvoj strah od uniformi i obeležja.

Prošla sam danas, pašnjacima, livadom, njivama, voćnjacima,
potocima, šumama i videla te srećnu u njima.
Videh visprenu, brzu baku, lica izbrazdanog od vetrova.
Videh te kako ličiš na svoju majku i zagrlih Vas u toj slici, Jedina.
Videh te srećnu nad trapovima jabuka i umornu u poljima, u branju
šljiva;
mladost si u polju provela, u borbi sa ovasom i ječmom, Jedina.

Prošla sam danas ulicama tvoga posleratnog školovanja
videh te sa upletenim kikicama u učiteljskoj školi.
Prošla sam danas ispod prozora tvog petog dva i čula te kako sviraš
violinu
i pevaš kao slavuj.
I danas pevaš tako, Jedina.

Prošla sam danas,
kroz tvojih četrdeset godina učiteljskog staža
i videla svu onu decu, kojima si bila majka.
Koliko si ih samo od nevremena spasila, siromašne oblačila;
koliko si njihovih roditelja "prevaspitala"

deca su ti na grudima plakala o kućnim tugama.
Sad me ne čudi što si se smejala kad te je mala plavokosa nazvala
Moja debela princeza.

Prošla sam danas knjigom
pedeset godina mature Vaše generacije
i opet Vam se divila, kako ste ostali verni jedni drugima.

Prošla sam tvojom mirisnom kuhinjom i videla peciva, kifle i
pogače
kako ih iz rerne izvlačiš kajmakom presvlačiš.
Sad me ne čudi što sam samo na tvojoj terasi videla vrapce
debeljuce, Jedina.

Prošla sam danas, tvojim stazama.
Branila sam te od životnih nesreća koliko sam mogla,
al' nisam uspela sagraditi ti oazu mira i spokoja
gde te nikad nista zabolelo ne bi, Jedina.

Prošla sam danas ulicom tvojih porođaja
i videh svu tvoju decu i unuke, Jedina.
Prošla sam danas
opet osetila
kako me ušuškavaš dok patim, bolujem, strahujem, Jedina.

Čula sam tvoj smeh dok se izmotavam, recitujem i pravim
pozorišne predstave
na daskama obične kućne stolice.

Znam da ćeš i danas i sutra i prekosutra nazvati,
po sto puta pitati, strepeti
i odahnuti kad čuješ da smo dobro, Jedina.

Prošla sam danas tvojim godinama
setila me violina i tvoj avgust, Jedina.

Nikada te neću dovoljno izljubiti, izgrliti,
nikada ti neću moći dovoljno zahvaliti
sve će mi se činiti premalo
i nikada neću umeti najlepšu pesmu o tebi napisati,
al' ću te uvek punim srcem grliti kao da mi je pet godina, Jedina.

Pamtiš moju želju
zapisala si je u mislima
ma koliko suludo zvučala,
Jedina,
Jedina,
Jedina.

ČUO SAM

ČUO SAM

Čuo sam za tebe da noću hodaš po krovovima
uhvatiš se za kišobran il' balon i lebdiš
i da šetaš kroz prstenove vekova, uglavnom bosonoga.

Čuo sam, pojavljuješ se nad kotlinama, širiš ruke magličasto
i da ti nije nikakav problem šetati po horizontu,
neki su te i videli tamo.

Čuo sam za tebe, ponekad kišiš,
a meni krov prokišnjava,
srećan zbog toga uzmem lavor il' lonac,
ali te ne nađem tu.

Čuo sam da su te mnoge majke rodile, da čvrsto veruješ u to,
i samo jednog oca imaš.

Čuo sam za tebe kako već smišljaš imena unucima i praunucima
i ostavljaš im darove govoreći:
*Ovo će se Anastasiji svideti, Davidu ili Sari, Todoru, Urošu, možda
čak i Lei.*
Kao da će nekom budućem detetu biti interesantno
šta je to pomahnitala baba htela da im ostavi neopipljivo,

onda se smejem svemu tome što sam čuo o tebi.

Čuo sam, kako imaš čudan popis ljudi
za koje uporno ponavljaš da ti ne smeju doći na sahranu,
kao da je sahrana neki veseo događaj
kao da se nekome žuri tamo,
ipak, čudna je to brojka, samo dvoje na spisku
obzirom na tvoja lutanja kroz prstenove vremena.

Čuo sam da pišeš pisma i razglednice na raznim jezicima
iz raznih mesta, nekih nepoznatih predela i da se najviše javljaš iz
zemalja
gde ima vetra, zelenila i snega,
čuo sam da uporno tvrdiš da si najsličnija pahuljama i da pevaš:
I ovde je sneg lep kao tamo!

Čuo sam za tebe, ničeš kao paprat, loza,
i da si čudno vezana za drveće,
mučiš se da saznaš zašto je to tako.
Čuo sam da umeš pričati sa drvećem
neki su te videli baš tada
i kad je već tako, upitaj stabla možda ona znaju.

Čuo sam da se raduješ i praviš buku u muzejima,
skačeš po arheološkim nalazištima
i da si glasno srećna:
Aaa vidiii ovo! Zar je mogućeee?

Je l' znaš, da se u muzejima ne raduje?
Tamo se posmatra, ćuti i razmišlja,
obično se u kafanama veseli, restoranima, klubovima uz dobru
muziku,
a ti, ne biraš mesta.

Čuo sam za tebe, praviš sebe od gline, gipsa i kad se dobro izvajaš,
isklešeš,
onakvom kakva si u tom trenu,
oživiš i izađeš, ne znam tačno kuda
da li kroz uvo, oko, rame, pupak il' lavlja usta.

Čuo sam, da praviš sebe od pigmenata,
pomešaš, smućkaš, oslikaš, izgrebeš,
uživaš u tih par momenata otkrivanja novog lika
i onda opet išetaš, stopiš se ili zađeš dublje.

Čuo sam ze tebe, ponekad juriš za stihovima i vičeš:
Pobećiće mi stih, pobećiće mi stih!
Izgovaraš to kao neku mantru:
Pobećiće mi stih i više se nikad neće vratiti takav, pobećiće mi cela
pesma

Čuo sam, zamislio sliku i opet se smejem
ne znam kako to pesma beži, da li ima noge
ali mogu da te zamislim na ulici, poljani, bilo gde trčiš, voziš
biciklo i juriš pesmu.

Čuo sam da se ponekad pretvaraš u kamilu
i u dve grbe klimaš glinene ploče, svitke hartije i drveni štapić,
mastilo i hemijske, zavisi u kom se prstenu osvrneš.

Čuo sam za tebe da si vazduh, magičnim prstima opcrtaš prozirno i
kažeš:
To sam ja danas.

I da su mnogi zbunjeni koga to sada dišem?!

Čuo sam da se pred ljubavnicima ne obnažuješ stidljivo
i smeješ im se u pogled – lako,
i da uporno tvrdiš:
Najteže je obnažiti se sam pred sobom.

Čuo sam za tebe, ponekad krvariš i to je strašna slika
krvariš po zidovima, lepiš svoje meso
ali ne, ne jaučeš i kad te najviše proždire čuo sam, slušaš romske
pesme i uporno tvrdiš:
Zašto vrištati kad pevanjem mogu utišati početnu tačku bola?

Čuo sam da žališ, žališ za oronulim fasadama, napuštenim kućama,
zastaješ kraj njih i isprva ćutiš, par minuta
a onda psuješ kao kočijaš i staklo i metal i plastiku.

Čuo sam da žališ sivo, crno, zeleno, ljubičasto, žuto
i opet uporno tvrdiš da se žaliti može i u belom
i ponavljaš, ponavljaš: Crveno je iznutra!
Tada navlačiš senke u tim bojama.

Čuo sam za tebe
da praštaš kao maslačak kad ga oduvaju iz čistog zadovoljstva,
dosade
i da neke stvari još nedokučive, a sitne ne opraštaš, i da uporno
pričaš:
Sitno, sitno i sitno i od sitnoga stvori se planeta!
*Kako da ti praštam dve planete?! Nemam nameru da srušim
svemir.*

Čuo sam da si neuhvatljiva, plahovita
ali da imaš dom i zidove, drveni brod i da si pred njega stavila
svetionik
noću kad pogasiš svetla da može da se snađe
i muziku mu ostavljaš kao drugi svetionik,
brodareći kroz vazduh o hridi pokućstva da se ne razbije,

i da uporno tvrdiš da možeš proći kroz zid,
zidovi nisu granica,
ni pod, ni plafon,

kako bi inače bila magla, kišila.

Čuo sam kako se dovikuješ sa pesnicima kroz vreme
pogledaš neki poetski konkurs sadašnji i vidiš:
do dužine 24 stiha, dozvoljeno slati sa te i te teritorije,
i opet psuješ, čuo sam.
Šta mi se kao ne razumemo?
Šta kao treba nam prevodilac?
Čuo sam za tebe
kako vičeš Jakšićuuu Antićuuu, Ujevićuuu, Majakovskiii…
nikada vi ne biste prošli ni jedan konkurs,
24 stiha moliću, ako može 4 moliću i po mogućstvu da imate do 27
godina.

Čuo sam da si tada prgava osa, bodeš po papiru i opet, opet psuješ
kao kočijaš,
onda kažeš,
u redu, a posle tog u redu, odeš
ili uđeš u skulpturu ili zađeš u sliku dublje ili postaneš kiša ili
magla ili seme paprati, loze ili...
uglavnom te nema,
nema
a onda se pojaviš, čuo sam, i kažeš: *Ja sam voda!*
I opet pišeš razglednice u kojima u par reči objašnjavaš
kako je bilo u poseti ateljeu Ogista Rodena, napominjući da si
tamo srela i Rilkea.

Čuo sam za tebe
da si nedohvat treperava
i da ponekad spavaš na Mesecu,
neki su te i videli tamo.

Ja nisam sklon verovanju u čuda,
ali tu kraj mene iz jastuka ovog trena tvoja kosa raste ka meni
otvaraš kapke
iz njih se budi naša zora
šapućem: Čuo sam za tebe...

još sanjiva odgovaraš: *Šta?*

JA SAM OD ONIH BEZBROJ ALI

JA SAM OD ONIH BEZBROJ ALI

Ja sam od onih što najviše ćute,
kad najviše pričaju;
od onih, koje nećeš shvatiti,
misleći da ih shvataš.
Od onih ljubitelja snova o dalekim,
najdražim gradovima i obalama reka.
Ja sam od onih bezbroj ali.

Ja sam od onih prefinjenih,
što vole mnogo da psuju;
od onih predobrih,
koji postaju ohola zlopamtila kad ih rane.
Od onih, što po njihovom biću lebde
i beli i tamni oblaci.
Ja sam davljenik što se,
samo za svoju ruku hvata.

Ja sam od onih,
što otćute svoje najdublje istine,
da im ne bi narušili mir
ili ukrali dušu…
Ali ja sam i ono dete,
izgubljeno na putu
što vapi mnogo ljubavi.

Ja sam od onih,
što ti nikada neće otvoreno reći,
kuda plovi odjek njihovih misli,
a biće tužni, ako ih ne shvatiš.
Od onih, što vole osetiti
one prelepe treptaje,
u vazduhu i sebi;
od onih ružnih spolja
sa skrivenim unutrašnjim biserima.

Ja sam od onih,
što dodiruju horizont
i onih što dišu, pod vodom i zemljom.
Od onih, kojima grom i grad ne mogu ništa, ali ih suza, ubiti može.

Ja sam od onih,
što se ceo život igraju,
jer znaju da bez igre ne postoji ništa.
Od onih, što misle da je reč ljubav,
predugo u upotrebi i prazna,
a nisu otkrili drugu reč.
Ja sam neuspeli, mladi lingvističar.

Ja sam od onih,
što izvesne stvari prećutkuju,
da ih ne bi pokrali,
a ipak vole da ih "kradu".
Od onih,
što su čvrsto nogama na zemlji
i tako divno odlepljeni od njene tvrde kore,
negde između sumraka i svitanja;
od onih što čeznu za vašim očima,
a uplaše se sebe,
kad ih u njima vide.

Ja sam od onih,
nisam od ovih
i nisam ovde,
jer ne volim crne krugove
koji postaju sve crnji.

Ja sam od onih,
što jecaju uz trubače
i zvuke akustične gitare
i groze se računarski sažvakanih nota.
Od onih, što vole čudnom jednostavnošću
koja doseže do iznenađujuće složenosti.
Od onih,
što vole slobodu duha, daha, pokreta, mira.
Od onih što ljube,
bez obzira da li su ljubljenoj osobi,
smešne sa svim svojim licima ljubavi.

Ja sam od onih veselih pajaca,
što glume darujući radost drugima,
ne želeći da se otkrije njihov jad.

Ja sam od onih bezbroj ali…

Od onih,
što vole da ih neko oseća kao tajnu
i koji druge vole,
zato što jesu večna tajna;
od onih, što će te udisati
kao da te prvi i poslednji put udišu.

Od onih životinjica
što vas prepoznaju po mirisu
i znaju da krijete zver u sebi,
ali ja sam i upijač
svega plemenitog u vama.

Ja sam od onih blesavih što razmišljaju,
kome zaveštati pertle, cipele, kosu,
usne, dah i obraz?
Kome zaveštati knjige, reči i boje.
Kome zaveštati blato opipano samo mojim rukama?
Kome zaveštati tanjir iz koga sam jela
i omiljenu šoljicu,
iz koje sam prvu jutarnju kafu pila?
Kome zaveštati olovku kojom sam
najlepše ludosti svoje glave zapisivala
i četkice kojima sam,
najlepše boje svojih snova naslikala?
Kome zaveštati kriglu
iz koje su mi najdraža pijanstva dolazila;
kome zaveštati uzdahe i suze,
kretnje, slutnje, bludnje
i oblike dima izdahnutih iz mojih pluća?
I oči,
da bi sve ovo isto
opet sagledale,
možda lepše proživele?

Ja sam od onih što ponekad
svoja bulažnjenja gluposti,
zapisuju kao najveće istine i vrednosti;

od onih što daruju sitnice,
verujući da su one vezice i kopče.
Ja sam propali hirurg.

Ja sam od onih,
što vole bez razloga, povoda i racionalnosti;
od onih,
što ih boli uvo za sve,
ali ipak traže potvrdu da su prošli kroz tu školu.
Od onih, što teške rane otćute
a one najteže,
rečima, bojom i glinom ispiraju.

Ja sam ono dete
izgubljeno na ulici
što vapi da ga uzmete…
Ali ja sam i davljenik
što se samo za svoju ruku hvata.

Ja sam od onih što prave
tamne oluje i najveselije vatromete,
tonući u razmišljanja.
Od onih što im moraš puniti baterije.
Od onih što ih ne moraš videti hiljadama godina,
a ipak će o tebi misliti kao o najbližem
i voleti te bez uslova.

Ja sam od onih, što ne vole logiku.
Od onih konfuznih, smotanih,
smušenih i neorjentisanih
i baš u tome najlepših.
Ja sam od onih krivonogih, iskošenih, preosetljivih
i pomalo prevelikih
za ovo ovde
i ovo sada.

Ja sam od onih što nelogično lude
za možda nepotrebnim,
a ipak preko potrebnim.
Od onih što su dovoljni sami sebi,
a ipak,
uvek računaju na tebe kao na svoju ruku
ali ja sam i ono dete,
izgubljeno na ulici,
što vapi mnogo ljubavi.

Ja sam od onih,
što ljude dele na sve ili ništa
i najsrećniji su i najtužniji
kad im se to sve podvoji.

Ja sam od onih,
uzdržanih i krutih, bez razloga;
od onih, što im gradovi mirišu
samo na jednu personu;
od onih, što pokušavaju da determinišu,
vrstu, rod i poreklo ljubavi.
Ja sam propali istraživač biolog.
Ja sam od onih
što im usne, oči i suze
klize na dole;
od onih prepunih Ahilovih peta.
Od onih podzemnih prolaza
što se plaše da ih ne otkriješ i potopiš,
jer znaju da si istovremeno,
voda na izvoru i ponornica
i uvek ploviš dalje.

Ja sam od onih darovitih
što vide svo crnilo ovog sveta,
a uzimaju najsvetlije od njega;
od onih što vole
svoju tajnu, sreću i bol,
oslikati, ispisati, izvajati.
Ja sam od onih srećno-nesrećnih usamljenika,
zarobljenih svetom u sebi.

Ja sam od onih filtera
što prima i pročišćava;
od onih što guše i kiseonik daju.

Ja sam ono dete
izgubljeno na ulici,
što vapi da ga uzmete.

Ja sam od onih bezbroj ali...

Ja sam davljenik što se,
samo za svoju ruku hvata.
Ja sam od ovih,
nisam od onih
i nisam ovde
i nisam sada,
jer ne volim crne krugove
što postaju sve crnji.

BAŠ ME BRIGA

Znaš šta, briga me što sam žensko,
hoću ponekad da budem muško.
Briga me što imam dvadeset šest,
hoću opet da imam nula zarez šest,
samo kad opet krenem u školu
da mi ne bude onako pakleno dosadno,
kao u ona prošla, prva četiri razreda
i naravno, da me ne teraju ponovo da sričem.

Znaš, briga me što mi je porodica porodica
i što mi je brat brat. Hoću da mi brat bude Mika Antić i da zajedno
"gasimo mala dogorela krilca" u nekoj birtiji. (Naravno, ja sam
muško bar danas.)
I briga me što su ovi prostori odjednom,
skučeni, srušeni, suženi, osiromašeni u svakom smislu. Hoću da
živim bez tih glupavih rezova po zemlji, morima i vazduhu.
Nisu Vam to lego kocke da ih sklapate i rasklapate,
kako Vam se ćefne.
(Omaklo mi se ovo veliko V.)

Znaš, briga me što neko tamo ima sobu od petsto kvadrata. Hoću
sobu tri puta tri, u potkrovlju. Atelje tri puta dva, naravno, opet u
potkrovlju –
da hranim nojeve i vrapce,
na prozoru i krovu. Hoću brvnaru u planini, nikako u ravnici.

Hoću da naučim da vozim staru, rasklimatanu folciku,
koju ću naravno, obojiti kao bubamaru.
Hoću jedno pero, mastionicu i staru pisaću mašinu.
Jedan šator i dobre cipele – za zemlju, vazduh i vodu,
da lepo tabam po ovom svetu.

Hoću da se šunjam po neotkrivenim pećinama i skočim
padobranom
sa visine,
odakle niko nikad skočio nije.

Hoću da imam mnogo materijala za pražnjenje sebe.
Za sve te gluposti što nisu gluposti;
jedino one ne sumnjaju u mene.
I naravno, hoću da imam celu sebe
i mnogo, mnogo više vremena, baš za te gluposti.

I baš me briga što terpentin smrdi,
a od gline i gipsa ostaju bele mrlje deset dana u stanu
što su prljave ruke i što sve to ukućanima smeta.

Znaš, briga me što sam se rodila ovde.
Hoću da se rodim na Jugu, na obali reke ili jezera,
u vrletima neke planine, ali da pod prozorom mene i moje majke,
sviraju vranjanski trubači do zore.

A i kad umrem isto to hoću
i još nešto hoću ali to ću Vam reći kad dođe vreme.

Znaš, baš me briga što se zovem Jelena.
Sebe uopšte nemam potrebe da zovem,
a ako se eventuelno zovem k' svesti k' pameti,
onda se zovem Anelej, Helena i Aneleh.

Znaš, briga me što više nema starog drvenog mosta
u mestu moga detinjstva
i što su prazne kuće na vrh Rudnika
i ostalih planina i što se niko ne šeta onim šumama.

Briga me što stalno gledam mrgodna lica. Ja hoću iskreno radosna.

I baš me briga što ljudi ljude dočekuju na krv i na nož,
kad lepo ih vidim, kako ljubičice i jorgovane,

plemenite misli i reči,
stalno jedni drugima daju,
a u dvorištima i na poljanama takmičenje, ko će više borova i breza
posaditi.

I briga me što noću ležem u pust krevet
i jutrom izlazim u prazan svet.
Ja svetova imam dovoljno u sebi.
Svaki dan probijem poneki zvučni zid.

Briga me, što svakakve reči postoje
i što se debeli proždrljivac vazduh,
prežderava svaki dan pokvarenih reči,
a onda, povraća.

Znaš, baš me briga
što znam da sviram mandolinu,
ja stalno sviram po raštimovanom klaviru.
I baš me briga, što nemam predispozicije za balerinu.
(Recept: iz ove čorbe izbaciti rimu.)
Ja svaki dan otplešem ponešto.

Znaš, briga me što živim u ovom veku,
što antikvarnice tako divno mirišu,
a cene im smrde. I baš me briga što je skupa Italija, Grčka, što
daleko su piramide, Kina, Indija.
I baš me briga što vozovi
stalno druge odvoze… Amsterdam,
Krakov, Dubrovnik, Venecija, Prag
i ostali lepuškasto-prelepi
gradovi ovog sveta.

Znaš, briga me što u školi predajem,
tamo neki levi predmet.
Ipak, neću decu da lažem
da se baš sve o životu tu nauči.

Briga me za ozonske rupe,
zračenja, silikone, plastike, mobilne tehnologije, neizlečive bolesti,
gvožđe, gasove, otpade, ružne vesti, zagađene mozgove, nuklearne
bombe, zloupotrebu biologije, hemije, fizike…
Ja hoću jedan čist, mirišljav svemir.

I baš me briga,
što više pišem latinicom nego ćirilicom,
hoću da pišem i pevam kako mi se prohte.

Znaš, briga me što je svet pun poltrona..
Želim da budem ja – ja i ništa više
i ništa manje. I, hvala Vam rode što me doneste baš ovakvu,
a hvala i Vama što me pronađoste u kupusu!

Znaš, briga me
što imam metar i pedeset osam
i ni milimetar preko…

Znaš, briga me, što onom najbitnijem u mom biću,
ne znam ni širinu, ni dužinu, ni gustinu,
ni zapreminu, ni površinu, ni specifičnu težinu,
ni masu, ni geografsku širinu i dužinu.
I znaš,
briga me što je nebo sivo kad ga bojim,
bojama koje sama biram, zavisno od dana.

Baš me briga, što viđam vukove, lisice, divlje svinje.
Hoću da susrećem slonove, žirafe, irvase, koale,
bele mevede i delfine
i naravno, kengure.

Briga me što vreme troši mene
i što su ljudi ljudi.
Ja želim život da trošim
i da me neko iskreno svari.

I baš me briga što u mojoj ulici nema breza
i što u školskom dvorištu nema one dunje
na koju se uspešno penjah
i presedeh celo svoje detinjstvo.

I baš me briga što drugi misle da sam ćutljiva, ćudljiva i mirna
i fiks ideje mi padaju na pamet i, sasvim sam luda i smušena i
smotana, odsutna i vesela i ohola i neromantična
tvrda i veoma jaka, i nisam na svoju ruku.
Ali kako da im objasnim,
da u meni ima nemira.
Da me oni nagnaše da ćutim, da u sebe zaronim
i plivam najbolje što mogu.

Kako da im objasnim,
da ni spasiti mrava nije uzalud?
Kako da im objasnim,
da u meni ima pregršt šarenih leptira?
Kako da im objasnim da jesam na svoju ruku?
(Kada budem na tuđu ruku,
dođite mi na pogreb
i pogrebite me po obrazu i kosi,
po ramenu, leđima i struku – e, to baš volim.)

Kako da im objasnim da nisam od čelika?
Kako da im objasnim da ponekad ne šetam već se na slonovima
gegam
ili sa kengurima skačem?

Kako da im objasnim,
da znam šta je lažan osmeh i reč,
lažni pogled i pokret i uljudnost?

Kako da im objasnim da znam,
da retko koga interesuju
moji strahovi, slutnje, moje nizije i visije,
mesečne melanholije i ode radosti, moje misli, moj lik, moje oči,
moje ništa i moje sve?

I baš me briga što Mađarska nema more,
u meni ima dovoljno, dnevnih i noćnih mora.

Znaš, baš me briga
što Petar Pan ne postoji;
stalno ga gledam kako lebdi odavde do tamo i nazad.
Ponekad mi uleće u kuću, nenajavljen.
I što su krovovi strmi,
baš me briga, ja sedim na njima – tu se odmaram, njišući se kao
vrabac.

I za Sizifa me baš briga,
ja ću svoj kamen izgurati do kraja.

I što ne priliči pevati ulicom
baš me briga, pevam kad mi se peva.
I što se treba sklanjati od vetra, kiše i snega, baš me briga.

Ja neću da stojim dok se dešavaju ta čuda!

I što nemam mermera ni kamena,
baš me briga. Stalno nešto klešem i dubim u svojoj glavi
i još ponegde.

Znaš, baš me briga što živa sam.
Kad postane nepodnošljivo, umrem na par dana, meseci
i ponovo se rodim, vesela i puna elana.

I baš me briga što mislite da živim ovde,
ja sam u stvari negde drugde,
a tu tajnu samo ptice znaju.

I baš me briga što sam crna ovca
kad sam tako divno riđe-plava
i ne dam da me šišaju budale.

I baš me briga što je horizont tako daleko,
kad svaki dan šetam po njemu.
I što nemam krila, baš me briga,
kad i po najjačim olujama
znam da poletim i održim se gore.

Bila sam na dnu okeana.
a šta ima tamo, to Vam neću reći,
samo ću Vam skicu dati:
Geguckati se za morskim konjicima.

I baš me briga što nemam svoj krov nad glavom.
Bitno je da ga nemam u glavi
i zidove da nemam u istoj.

I nemojte ići dublje u okean,
ako pre toga niste pažljivo vežbali
roneći u sebi.
Nigde nema takvih dubina.

I baš me briga što smo se rasuli po svetu i što se mnogi dragi ljudi,
ne javljaju iz tih daljina.
Izgubili smo se u najgušćoj magli
usred najsunčanijih srednjoškolskih dana.

I baš me briga, što ponekad ustanem na pedeset levih nogu.

I baš me briga što se batrgam po bestragijama moje duše
i odatle izlazim izgrebana, ranjena.
Ponekad i ne izađem.

Baš me briga što kroz ove reči
razgolićujem svoju lobanju, kosti
i tamo neku dušu.

I baš me briga,
što su neki zanimljivi ljudi
kao Halejeva kometa -
jednom ih sretneš i nikad više.

I baš me briga
što su batine i ratovi iz nemoći izašli…
I što volim smeh, a stalno mi na njega tamu bacaju.

I baš me briga
što kad stisne sa svih strana,
ne vrištim i ne plačem,
a znam da mi tako svi organi u očaj tonu,
samo jedan deo sebe
ljubomorno čuvam,
na ovom suvom, koščatom dlanu.

Nastavak sledi
u nekom idućem veku
kad budem ispaštao greh
što mrzeo sam neke stvari.

(Naravno, ja sam muško bar danas.)

(1997/1998)

*U pesmi je korišćen deo stiha "gasimo mala dogorela krilca",
Miroslava Mike Antića.

Napomena:
Plagijat ove pesme pod naslovom "Briga me" objavljen je u
novembru 2014. godine na 55., 56. i 57. stranici knjige "Zov
okeana" koji je potpisala BARBARA NOVAKOVIĆ a objavila
MATICA SRPSKA u BIBLIOTECI PRVA KNJIGA 264.
Promocija knjige u kojoj se nalazi plagijat održana je na 59.
Međunarodnom sajmu knjiga u Beogradu.

RUDNIK SVETLOSTI

Jedna je devojka
stalno zaposlena u rudniku svetlosti,
posmatram je svakoga dana,
na putu do posla
kroz stopala joj protiče oštro kamenje,
ježi se divlja kupina.

Kad joj je previše zatvara pore
da joj ne isklija lice,
ona govori:
Kupine su mali mozgovi žbunja.
Pogledaj krošnje, zar ti se ne čini
da su plodovi,
mozgovi bilja?

Jedna je devojka
stalno zaposlena u rudniku svetlosti,
posmatram je svakoga dana,
sklapa kapke gnušanja,
useca se duboka bora mrštenja,
ona govori:
Misao mi oslepela,
ne shvatam gracioznost toreadorskih pokreta.

Ona govori:
Dželat u šljaštećem odelu.

I otvara kapke vrištanja.

Jedna je devojka
stalno zaposlena u rudniku svetlosti,
posmatram je svakoga dana,

sačekaće da joj modri prsti isklijaju
još neku isprekidanu naznaku,
onda će poć'
u prevremenu penziju,
ostavljajući za sobom različke oblaka
što se dobacuju jednim od milion zrnaca,
na kojima pod lupom klesaše:

Nikad nisam shvatila.

Onda će poć' srećna, negde u prašume Madagaskara
da otpeva sve što je iskopala
mišolikim lemurima.

Onda će poć'
i biti čuvar u sijalici pod abažurom pastelnih boja.

Jedna je devojka
stalno zaposlena u rudniku svetlosti,
prehlađena,
nešto buncala:
Slomiću kazaljke pod abažurom pastelnih boja,
dajte mi vode iz žila
što sam pronalazila.

MOLIĆU LEPO

Moliću lepo da mi niko nikad ne piše biografiju
ne želim ni drvlje ni kamenje ni ordenje
tamo gde im nije mesto.
Ne želim šture podatke
jer niko sa mnom nije plivao u plodovoj vodi
jer niko nije šuškao jesenjim lišćem
mojim stopama tridesetpet
jer niko nije šetao ovu kožu po svetu
i niko nije zavirivao dublje od mene ispod nje
niko se nikad nije smejao tako običnim stvarima
niko nikad nije tugovao baš ovako kao ova
obična smrtnica
i niko ne pamti bolje od mene slike u mojim očima.

Nemojte, bilo bi strašnih zabuna.

Neće mene dim cigarete ubiti
samo će me jednog dana sve neizlečene rane
ogrebotine ujedi

pokositi

i ne bih zaista,

ne bih
da tamo piše jedna jedina dijagnoza

ispod koje vrišti
milion malih ubica
običnog smrtnika.

PAPERJASTO SREBRO

Mnogo je vode proteklo od nastanka prvih pesama, tamo jednom, u praskozorje čovečanstva. Pesma je tada služila da se peva (u mnogim je jezicima ta srodnost ova dva pojma do danas opstala) i da se tako izrekne nešto važno, lepo ili tužno, za onoga koji peva, ali i za onoga koji pesmu sluša. Šta se desilo sa pesmom, dok su vode promicale, priče se pričale, ljudi se rađali i umirali? Kako je ona i otkud postala poezija? Forma se menjala, u redu je to, čas se usložnjavala, čas uprošćavala, pravila postajala kruta kao zakoni fizike ili omekšavala i postajala nebitna (ili je postajalo bitno nepostojanje istih), moda je to književna koju su nametali književni kritičari i ostali znalci od trenutka kada su se pojavili, ali šta se dešavalo sa suštinom? U kom je trenutku postalo nemoderno, gotovo sramno, napisati pesmu u kojoj ćeš jasno reći šta osećaš, misliš, čega se bojiš, a čemu nadaš? Kada je i ko proglasio da treba pisati poeziju koju je teško, ponekad i nemoguće, razumeti? Zbog čega je danas pesma (ona pesma, naglašavam, koju će današnji književni kritičar javno pohvaliti, napisati joj penegirik u književnom dodatku tiražnih dnevnih novina, uneti je u antologiju, dodeliti joj nagradu sa imenom čuvenog pesnika koji tako šta ne bi napisao ni pod pretnjom smrću) postala poetski artefekat u kome uživaju tek posvećeni pojedinci (da li i oni?), složeni konglomerat višeznačnih pojmova, čiji je potencijal asocijativnih povezivanja toliki da se i posvećenim matematičarima od tih cifara diže kosa na glavi. Kada je pesma prestala da bude nešto u čemu može da uživa i ratar i kuvar, nešto što izaziva na smeh ili na plač, i postala filozofsko-filološki rebus sa beskonačnim brojem ravnopravnih rešenja? I zašto, pobogu??!!!

Knjige kao što je Jelenina zbog toga raduju. Njena poezija donosi ohrabrenje, ne samo običnim – u stručnim stvarima po definiciji neukim čitaocima, već i stručnjacima i poznavaocima kojima je muka od svega, samo što to ne žele da priznaju, da ne bi ispali glupi.

Jelena to postiže, ne zbog svog velikog znanja i veštine, već možda najpre zbog toga što je nije briga. Ona nam govori o svojim željama, čežnjama i ljubavima, govori nam o onome što oseća i čega se plaši i tako nas sve zajedno (slobodni stih je, naizgled, njen jedini ustupak modernim tokovima, ali – sasvim je moguće da je baš tako bilo i na samim počecima!) vraća korenima poezije. Pojedinac naspram sveta!

Jelena se u tom svetu oseća malenom i slabom, ona oseća svu moć i bezosećajnost – ne samo vaseljene, zemlje, već i jedne malene države, grada, drugosti kao takve. Ona je u pesmama paperje, prah, nečujni treptaj, nežna nota, plamičak, obris siluete, i to ne bilo kakav, nego – nejasan. Ona leluja, trepti, plamti, levitira, drhti... Šta može ljudska jedinka drugo u ovom svetu? Šta je sudbina čovekova, šta radi slamka kad se nađe međ vihorove? Šta može paperje? Šta prah?

Biti čovek, voleti i biti voljen, dopustiti sebi i drugima takvu radost, jedini je izlaz, govori nam, do bola iskreno, Jelena svojim stihovima. Onda je sve lakše i lepše. Od prašine za tren nastane kal. Paperje za treptaj oka poleti u visine, kiša ga namah u isti kal svali. Ali ne mora tako biti.

Ako si prah – svetlucaj! Ako si paperje – srebri se! Ako si pesma – onda pevaj! Kao ova knjiga. Kao Jelena.

Branislav Bane Dimitrijević

SADRŽAJ

Izdavač
Jelena Stojković Mirić

Za izdavača
Jelena Stojković Mirić

Recezenti
Nenad Glišić
Branislav Bane Dimitrijević

Lektor
Jelena Stojković Mirić

Korektor
Sreten Mirić

Dizajn i tehnička priprema
Nikola Šipetić Tomahawk
www.tomahawkdizajn.weebly.com
Vladimir Protić
DŽP

Copyright © Jelena Stojković Mirić
Beograd 2014.